〈わたし〉を捨てる。

山岡鉄舟に学ぶ「無敵」という生き方

臨済宗全生庵住職
平井正修
Hirai Shoshu

佼成出版社

はじめに

私が住職している全生庵《ぜんしょうあん》という寺は、明治十六年に山岡鉄舟《やまおかてっしゅう》先生が、幕末明治維新の時に亡くなられた人々の菩提を弔うために創建された寺です。

山岡鉄舟と言っても、名前ぐらいはちょっと聞いたことがあるという方はいるかもしれませんが、「何をやった人か」となるとほとんどご存じないと思います。

すこし鉄舟先生の話をさせていただくと、先生はよく幕末三舟《さんしゅう》の一人と称されます。幕末三舟とは勝海舟《かつかいしゅう》、高橋泥舟《たかはしでいしゅう》、山岡鉄舟の三人のことですが、江戸無血開城にあたり、幕府側にあって力を尽くした三人の人物のことです。たまたま三人の名前の最後に「舟」の字がつくので、いつのころからか三舟と称されるようになりました。

鉄舟先生は、有名な西郷隆盛と勝海舟の談判に先立ち、徳川慶喜の命を受け、駿府（現在の静岡県静岡市）にて西郷と談判し、江戸開城について粗方《あらかた》の条件をつめ、無事に無血開城へと導きました。

また、維新後は西郷たっての願いによって、明治天皇の侍従となり赤心《せきしん》陛下にお仕えしました。

さらに先生は、「剣」「禅」「書」の達人でもありました。

剣は、幼いころより真陰流《しんかげりゅう》、一刀流《いっとうりゅう》を学び、その凄まじい稽古ぶりから鬼鉄と恐れられました。なおその極意を極めたいと願い、一刀流の達人浅利義明について数十年学び、ついにその極意を得、自身で一刀正伝無刀流《いっとうしょうでんむとうりゅう》という流派を開きました。

禅は、武士として死地に臨んだ時、不動心にて行動するにはどういう鍛錬をしたらよいか、と父君に尋ねたところ、それは禅の修行をするが良いであろうと言われ、諸方の老師方について参禅し、最後は京都嵯峨天龍寺の滴水《てきすい》老師から印可証明《いんかしょうめい》（悟りを開いた証明）を得ています。

書は、父君が飛騨高山郡代《ぐんだい》のとき、高山在住の書家、岩佐一亭について学び、弘法大師《こうぼうだいし》入木道《じゅぼくどう》五十二世の伝統を継ぎました。

このように書いていくと、山岡鉄舟という人物はきっと若いころから頭脳明晰、怜悧《れいり》瞬発、天才的で、ちょっと近寄りがたい人物だったのだろうと想像されるかもしれませんが、さにあらず、幼いころは、どちらかというと物覚えの悪い少年だったそうです。皆が素読だけで覚えることができるものが、自分は素読だけでは覚えることができない。まあ普通はここで諦めてしまうのでしょうが、ここからが鉄舟先生の凄いところで、皆は読むだけで覚えることができるが、自分はそれだけでは覚えることができない、ならば書いて覚えようと、四書五経《ししょごきょう》を丸々書き写して覚えたというのです。後年無刀流を開いたとき弟子たちに「学んで成らざるの理《ことわり》なし、成らざるは自《みずか》らが成さざるなり」と言っていますが、まさにこの言葉は自身体験の言葉でした。

こんな鉄舟先生が最後にたどりついたところが「無敵」の境地でした。一般的に「無敵」というとその分野で世界一になる、例えばオリンピックで金メダルをとるようなイメージかもしれませんが、先生の「無敵」はそうではありません。

では一体「無敵」とはどんな境地なのでしょうか。

それを解くカギは「敵」（相手）を意識する「私」にあります。
その「私」をどのように調えたらよいかの一端を、本書から摑《つか》んで頂けたら幸いです。

令和七年二月十三日

平井正修

〈わたし〉を捨てる。

――山岡鉄舟に学ぶ「無敵」という生き方――

目次

第三章 幸福の在り処

編集協力　前田洋秋
本文デザイン　有限会社ブルーインク
装幀　Malpu Design（清水良洋）

第一章

「関係」を心得る

関係性で悩んでいる人は少なくありませんが、
最も難しいのは自分自身との向き合い方です。
敵を周囲の誰かに想定している人もいますが、
本当の敵は外ではなく自分の中に存在します。

1 「自分と自分自身」という関係

一般的に、「関係性」と言うと、「自分と他者」のことと考えるかもしれませんが、それ以前に「自分と自分自身」も関係性の問題としてあることを知っておく必要があります。

禅宗では、「身心《しんじん》」という言葉を使いますが、人間は身と心で成り立っています。身（身体）も心（精神）もなかなか自分の思い通りにはいかないものです。人間は、思い通りにならない自分と付き合いながら生きていると言えます。だからこそ、その自分のコントロールについて、特に心のコントロールに関して禅ではしつこいほどに注意を促すわけです。

日常生活でも、スポーツでも、仕事のちょっとしたことでも、心が不安定になってうまくいかなくなるのは、自分と自分自身との関係性が不安定になったり、崩れたりすることに起因するのです。

それならば、その心を上手に扱えば良いではないかと思っても、それもまた難しい。身体は「今ここ」にあるから分かりやすいけれども、心というものはいったいどこにあるのか？　頭を指さしたり胸のあたりかなと思ってみたり、あるいは体全体なのかと考えてみたりしますが、よく分かりません。

たとえば、「ねぇちょっと、今私の話聞いてなかったでしょ？」と言われるとき、心はその場にはいません。頭でも胸でもないところに離れて行ってしまうのが心なのです。時間的にも空間的にもあちこちに移動する心が、「今ここ」にある身と共に「身心一如《しんじんいちにょ》」となった関係であり続けるのは容易なことではありません。

唯一、人間の身心が一つになっているのは切羽詰まった状況のときかもしれません。目の前の危機に対して体と心が別の対応を取っていたら生存が危ぶまれてしまいます。しかし、それ以外の状況では、身はここにありながら心のほうは「明日の俺は」とか

「十年後は」などと考えて、時間も空間も超越してしまっています。そんなふうに人間は「昨日を悔やんで、明日を夢見て、今日を忘れる」という生き物であるため、一日の中で身心が一体となっている時間は少なく、ほぼ空想状態で生きています。

ですから、禅では古来、「心に隙があってはいけない」とか「心の手綱をしっかり持ちなさい」などと言うわけです。

我々僧侶が行う修行も、そこが重要なポイントです。修行のイメージとして、滝に打たれるとか、冷水を被るとか、火の上を歩くとか、回峰行《かいほうぎょう》をするとか、何か極限に迫るようなことを経なければ悟りは得られないと勘違いしている人もいますが、そんなことはお釈迦様が言われていないだけでなく、むしろ過度に体に負荷をかけること（苦行）は良くないと指摘されています。お釈迦様ご自身も六年間の難行苦行を試みた上で、結局は悟りを開くことができないと分かって、苦行から離れて禅定《ぜんじょう》（坐禅）という道に入られたのです。

仏道修行というものは、きちんと自分が自分自身に向き合って、心があちこちに飛んで行かないで身体と一つになった状態をつくりだすためのものです。そのため、坐禅をするときには坐禅に、掃除をするときには掃除に、食事を頂くときには食事に集中して、自分が今行っているところに心があるようにすることが修行の眼目だと教わります。そうなれば心に隙が生まれなくなり、体と心が乖離《かいり》しなくなるということです。

ですから、**特別なことが修行なのではなく、日常のそのときそのときが修行である**ということです。それを身体でしっかりと分からせるために修行道場に行くのです。

2 敵は自己から生まれる

「今自分が行っていることにおいて、自分の身心が一つになっていること」――これが「自分と自分自身」の関係性の土台として存在し、それが「自分と他者」との関係の基本となることを理解しておくことが必要です。

なぜなら、この関係性の順序を勘違いしている人が少なくないからです。私たちはたいてい、上司との関係がうまくいかないことが自分の人間関係の基本形とは考えないし、子どもの習い事をサポートする中で嫌なことを押し付けてくる他の親と無理して関係を維持していくことが重要だとも考えないからです。

極論すれば、会社だって、習い事だって、他へ移ってしまえば、そこでの人間関係は終わるわけです。「そこまでするのは面倒だから……」と我慢している人が大多数だと思いますが、本当に面倒になるのは、そうしたことに無理をしたり誤った方向へ進んで混乱してしまったときの自分自身です。

逆に言えば、自分と自分自身が調っていれば、そうした他者との関係はいくらでもやりようがありますし、自分が調っていくことでそれほど気にならなくなっていくものです。

関係性がうまくいかないのは、「対立」が生じるからです。「俺はこう思う！」「私はこう思います！」――これが常にあちらこちらで起こります。この対立が自分自身の中でも起こってしまうことがある。だから調わない。しかも、自分に関わることであれば、どうでもいいと放棄してしまうわけにもいかないので、どうしても「自分」ということだわりから離れられません。

そういうふうになってしまう自分をよく理解しておいて、少しでもかまわないから、「このあたりで」という塩梅《あんばい》を感覚として身に付けていく訓練もやってみるといいと思います。

山岡鉄舟先生が悟りを開いた時の言葉があります。

「自己あれば敵あり、自己なければ敵なし」

自分というものをつくれば敵が生じ、自分がなければ敵もいない。

まさに、その通りです。逆に言えば、鉄舟先生も自分というものに囚われて敵を生み出していたということです。どうすれば敵に勝てるか、とばかり考えていたときの自分は、おそらく自分の中で調っていなかったはずです。

繰り返しになりますが、「関係性」の基本は自分との向き合い方です。そして、鉄舟先生のような剣と禅を極めた人物でもそのことを生涯かけて追究したとすれば、真剣に生きようと思えば誰もがぶつかる大きな課題だと言えるのではないでしょうか。

だから、我々が関係性で悩んだり、どうやって乗り越えようかと四苦八苦したり、「避ければいいのか？　あるいはうまい方法はないか？」と試行錯誤してみても、簡単にベストな答えが見つかるわけではありません。それほど「自分」に関わる問題は多様で複雑なものだということです。

組織やチームの関係が苦しくて嫌だという悩みも、言ってみれば、最低限の付き合いで良いわけですし、無理をする必要はないと思います。職場の付き合いだって、同窓会だって、地域の集まりだって、自分にとって負担にならない程度に留めておけば良いのです。

3 「はい!」で自分と距離を置く

私たち人間は、自分が大事で、どうしても自分が捨てられないので、代わりに相手を自分に都合の良いように変えたがります。そんな意識がトラブルや自分自身の葛藤などにつながってしまいます。

そうではなく、相手を受け入れてしまって自分が変わっていくほうがおよそ現実的で、自分の成長にもつながります。そのためには、「はい!」と自分から言って、他者を受け入れる第一歩をつくりだしていくことが大切です。

私が二十五歳のときに父が亡くなりました。当時、私は修行道場にいたので、父の死後は母が一人でお寺を守っていました。

月に一度、龍澤寺《りゅうたくじ》の中川球童老師《なかがわきゅうどうろうし》の坐禅会が全生庵で行われていたので、その際に老師は母と会っておられました。老師は小さい時にご両親を亡くされていて、特にお母様に対する思いが深く、私にも「お母さんを大事にしろよ。親孝行しろよ」とおっしゃっていました。ただ、あまり何度も言われるので、「親孝行しろとおっしゃいますが、どうするのが親孝行ですか？」と、私も若気の至りで失礼な質問をしました。そうすると老師は、「お前はそんなことも分からんのか！　いいか、お母さんが何を言っても、まずは『はい』と答えろ」と答えられました。そして、「はい、と言ってみろ」とおっしゃるのです。言われるままに、「はい」と声に出すと、「違う、『はい！』じゃ」。「はい！」「そう、元気よく言うんだ」と指導してくださいました。

なかなか、家族や会社において、「はい」と無条件に言うことは簡単なことではありません。ついつい、「だけど」とか「そんなこと言っても」とか「いやいや違うんだよ」と否定したり、反論したりすることが多くなりがちです。そのような態度を老師は、「そのときの心境がすべて返事に出るのだ」と指摘されたのでした。

山岡鉄舟先生は、「剣術の妙処を知りたいならば」として、次のようなことを言い遺されています。

「自分からは決して打つな。最初は、ひたすら打たれろ！　しかも上手い人に打たれたほうがいい」

中川老師の「はい！」に通じるものです。相手を受け入れる、ということです。

自分よりも相手を変えようとすると、結局は自分のこだわりから抜け出ることができないために、自分自身とも、相手とも、うまく関係が結べなくなる。それを戒めて改善していく方法として「はい！」があり、「打たれろ！」があるのです。

やはり、**自分を調えていく方法としては、究極的に「素直な心」に戻るということ**だろうと思います。上司でも、家族でも、たとえ子どもからであっても、呼ばれたら、あれこれ考えないで無条件に「はい！」と元気よく返事をする。これが素直さの始まりです。「はい！」と素直に受け入れて、「これが自分だ」と凝り固まろうとする自分というものをこわしていくのです。

これが自分である、という思い込みはなくならないかもしれませんが、それを前面に出していくようなスタイルではなくて、素直な心になることで自ずから自己が調えられていけば良いのです。

「人を治むるは先ず我を治む」（人を治めようと思うなら、まず自分自身を治めることだ）とも鉄舟先生は言われています。


「本当の自分を理解する」――口では簡単に言うことができますが、そうそう容易なことではありません。

本当の自分などあるのか？　本当の自分を理解することなどできるのか？　突き詰めて考えると、いささか怪しい気もしてきます。

実は皆、少しくらいは自分を演じることで、うまくその場その場を生きているのが現実ではないでしょうか？　私にしても、あるときは住職という役割を、また、あるときは父親を演じながら、どうにかこうにか過ごしています。

私たちは、本当の自分などはないということをうすうす分かっていて、だから、その場その場に応じた役割を果たしていく以外に方法がないのかもしれません。

逆に言うと、着るものをＴＰＯで変えていくように、ずっと同じ自分などというものはあり得ないのかもしれません。目の前の状況に自分を合わせていくことから始めなさい、と鉄舟先生が言われたことも、自分というものがいかに不確かであるかを物語るものです。

禅宗の修行道場では最初のうち、徹底的に怒られるのも、自分などというありもしないものに執着する気持ちを一刻も早く捨てて、今までの生活で身に付けてきた幻想を脱ぎ捨ててしまえ、という意味です。「真っ白になれ！」とか「死んでこい！」などと過激な言い方をしてでも、自分への執着から離れさせようとするのです。

4 自分から出る言葉

他者との関わりにおいては無理をしないで、どこかで付き合える線を引いておくことも大事だと言いましたが、このことは、自分の口から出る言葉を悪くしないための対策でもあるのです。

嫌いな人と無理して付き合っていると、ついつい悪口を言い始めます。悪口は、言ってしまえばスッキリするように思われていますが、必ず天に唾する形になりますし、悪口ほど「あの人がこう言っていたよ」と早く伝わります。しかも、尾ひれがたくさんくっついて広まっていくものです。

「酒の最高のつまみは他人の悪口」というぐらいですから、人間の度し難い習性なのでしょうけれども、悪口の最大の問題は、それが延々と続いていくということです。一度言い出すと、後から後から堰を切ったように溢れてきますし、他の人に伝われば同調する言葉がさらに重ねられて伝播していきます。そして最終的には天から自分に降ってくる。

仏教の戒律には、「他人の悪口を言わない」というものがあります。仏教は、関係性を悪くするのは他人への悪口であることを見抜いているのです。人間関係は、言葉の種類によって変わっていくということなのでしょう。せっかく会話をするのなら、相手を褒める言葉で締めましょう。

ちなみに、仏教では「十悪《じゅうあく》（十悪業《ごう》）」として、「悪」を殺生《せっしょう》・偸盗《ちゅうとう》・邪婬《じゃいん》・妄語《もうご》・綺《き》語《ご》・悪口《あっく》・両舌《りょうぜつ》・貪欲《とんよく》・瞋恚《しんに》・邪見《じゃけん》の十に分類します。このうち、妄語・綺語・悪口・両舌の四つが口がなす悪行ですから、やはり口は慎まなければいけないというわけです。

そもそも禅の場合は、大事なことは言葉では表現し得ない（不立文字《ふりゅうもんじ》）という考え方があるくらいです。また、修行道場では入門して三年間は白い歯を見せるな（「新到《しんとう》三年白歯を見せず」）とさえ言われます。

いっぽうで、文字は立てないと言いつつ、「公案《こうあん》」という問題を与えられて、師と一対一で禅問答して見解を表白することが修行としては大事にされます。

しかも、公案について「私はこうだと思います」とでも言おうものなら、『思います』とは何だ!?」と叱責されます。「『思います』というのは、お前が頭の中だけで思っているから『思います』という言葉が出るんだ。そんなものは、お前の身体から出た言葉ではない！」というわけです。

私たちは「思います」という言い方を日常的に用いますが、身体から出てくる言葉と頭だけで浮かべている言葉が異なるということは、ご理解いただけると思います。禅では、「冷暖自知《れいだんじち》」という言い方でそのことを教えます。**目の前のお茶が冷たいか温かいかは、自分で飲んで確かめて知った者以外は分からない**、というのです。自分の体で得ていくこと、自分の体で得た言葉、それを重視します。「冷たいお茶だと思います」では、自分は何も経験しておらず、自分のものにはなっていないことを露呈しているようなものです。そんな時は、坐禅が足りない証拠だと師から見抜かれます。自分の経験から得られた言葉を積み重ねていくことは、自分を大切にすることと同じです。

5 過剰な表現は恥ずかしい

言葉では真理を伝えられないと言いつつ、自分の身体から出た言葉を求められる――。この、一見矛盾したようなあり方は、言葉は間違えて使うと怖いものであるという側面と、本物の言葉は人を助けるものにもなるという両面の事実があるからです。

二〇二三年の野球の世界大会「ワールド・ベースボール・クラシック」（ＷＢＣ）でも、そのことを実感させられる場面がありました。

決勝戦の開始前に、日本チームの選手全員で円陣を組んだときに、大谷翔平選手が「今日だけは憧れるのはやめましょう！」と言いました。憧れのメジャーリーガーが何人も相手のアメリカチームにはいる。だけど、目的は優勝することなのだから、憧れる気持ちは邪魔になると大谷選手は知っていたわけです。それで日本チームの選手たちは冷静になって、勝つための野球に専念できた、という報道がありました。これは、自分の身体から出た言葉の使い方の一例です。

しかし、一方では言葉が人を傷つけることも事実ですので、真理を言葉にするのは容易ではないという教えの表れが「不立文字」であり、修行の中での「しゃべるな！」であったりするのです。

今の時代は「自己アピール」と称して、たくさんしゃべったほうがいいという傾向にあります。しゃべるほど「よくできました」と褒められます。子育てでも、言葉をたくさん出させて、褒めて伸ばす育て方と、一方には、しゃべらせないで自分自身のことに集中させて、時には叱る育て方もあるということです。

一昔前までは、自分のことを全面に出すのは「恥ずかしいこと」という感覚があったように思いますが、もうそのような感覚は、世の中のあらゆる世代において薄くなっているのかもしれません。ただ、厳しい言い方をすれば、「自己アピール」は幼さの名残りのように思います。**アピールして相手に認められたい気持ちは人間の本能的なものだろ**

うとも思いますが、一方では、「自分」が出すぎてしまわないように配慮する気持ちも持ち合わせているのが人間でもあります。

恥ずかしいという感情が希薄になってきた要因の一つには、自分から容易にメッセージを発信できる機器やアプリの普及で、「みんながやっているから」という気持ちがあるからだろうと考えられますが、人間のありようとして見ると、「そうであるならば仕方がない」とばかりは言っていられない気もします。

私の両親は戦前の生まれなので、「そんなことをしたら恥ずかしい」ということを、子どもの時から徹底して言われて育てられましたし、私は人として恥ずかしいことをすれば叱られると身に染みて知っている世代です。

私から見ると、自分を良く見せるような写真ばかりを恣意的に公表することは恥ずかしいことであり、人間のある種のいやらしさのようにも感じてしまうのです。政治家でもタレントでも、裏の顔が見えた瞬間に、私たちが嫌な気持ちになるのはよくあることですが、その人の本質は、実は隠そうとしているところに見て取れるものなのかもしれません。

昔は存在しなかった機器やアプリなどは、人間の本当の姿を隠しやすくするものかもしれません。だからこそ明らかになったときの非難が大きな反動となって返ってくるのでしょう。

自分のあり方を晒《さら》すのか、隠すのか。それもまた、自分と自分自身との関係、あるいは自己と他者との関係とつながっていると見ることもできるかもしれません。

6 安心できる関係とは？

最近は、お寺で法事を行うことが多くなりましたが、ずいぶん減ってきたとはいえ、東京でもまだ檀家さんのご自宅へ伺ってお経を上げることがあります。檀家さんも、お寺へ来てお経を上げてもらう場合は、どちらかというと、よそ行きの顔をして、またそのような装いでいらっしゃいますが、ご自宅に伺うと、玄関を入った瞬間から少し違った様子が見えたりします。

別に何かを隠してお寺へ出向かれるわけではないと思いますが、人にはやはり表向きの顔と、そうではない顔が存在します。それが見えたほうが、「ああ、こういう人なのだな」と分かりやすいですし、分かった上で付き合うことは楽な面もあります。

分かりやすいたとえで言うと、お付き合いしているのと結婚するのが違うようなものです。つまり、表の顔での関係性と、裏まで知っている関係性の違いです。もちろん、関係の仕方や進展によって、いつか裏まで分かる場合もあれば、そうならないケースもあります。

付き合っているときには誰だっておしゃれしてデートをします。自分のいいところを強調して見せようともします。近年では、SNSというツールのおかげで、仮想空間において表の顔だけで関係性が生み出され、距離のある付き合いを続けることが可能になっています。ただ、意図的に隠されたものは見えづらく、そのために計画者と実行犯が一度も顔を合わせないで行う新たな犯罪の形も現れているほどです。

しかし、結婚して一緒になってみれば、そんな表の姿ばかりではないと分かってきますし、隠すことなど不可能です。身も蓋もない言い方をすれば、お互いが幻滅していくわけですが、どんな関係においても結局は、その幻滅を受け入れないといけないわけです。むしろ、**幻滅を受け入れることが、本当の関係の始まりなのかもしれません**。その意味で、隠すことのできない関係というのは、安心できる関係だとも言えます。

最近よく耳にする「ゼロ日婚」は、交際期間をほとんど経ないで結婚することのようですが、幻滅するような現実をお互いが知る前に結婚してしまうので、相対的に離婚するのも早いと聞きます。でも、昔のお見合いも交際期間はほとんどないまま結婚することが多かったわけですから、ゼロ日婚は今に始まったことでもないのでしょう。

けれども、ただ良いところだけ見せるお付き合いと、相手をよく知らないまま一緒になるお見合い結婚とは、最初から関係性の築き方が違います。虚像を思い描くこともなく、とにかく相手を受け入れることが前提となるのが結婚の本来的なあり方です。

その意味で、ゼロ日婚が、仮に良いイメージだけで結婚する方法だとするならば、自分が思い描いたことが虚像だったと気づいたとき、相手の実態に加えて自分の浅はかさまで受け入れられるかどうかという話になってしまうでしょう。

誰しも、最初から最後まで良いイメージで関係が続けば、それに越したことはないのですが、それが不可能であるならば、幻滅を受け入れる度量を拡げていく以外に、人との関係で安心できる方法はないのかもしれません。

7 「迷走」しない自分になる

愛憎がもたらす不幸な出来事も、殺人事件も、戦争も、止められません。私たち人間は進歩していないと、つくづく実感します。

しかし、お釈迦様は「天上天下唯我独尊《てんじょうてんげゆいがどくそん》」とおっしゃいました。我が尊い、人間だけじゃなくて犬猫や庭に生えている草木もすべてが尊い、と。だからこそ、他者を傷つけてはいけない、ということなのですが、二千五百年前に言われているにも関わらず、私たちは実現できていません。

しかも、戦争で相手を傷つける道具がどんどん酷いものになっています。昔は刀だったから一対一で戦っていましたし、せいぜい一人で数十人を傷つけるのが関の山でした。何千人規模の戦さであっても、つまるところは一対一の戦いであることに違いはありませんでした。

そこに鉄砲が出てくると、殺傷力が急激に高くなりました。さらに爆弾や原爆といった一度に何十万人、何百万人もの命が奪われる兵器を人間は使うようになりました。

他者を傷つけるという意味では言葉も兵器と同様です。昔は、直接の対面でしか伝える術《すべ》のなかった言葉が、手紙を使うようになり、電話になり、今ではSNSによって、誰かが一言発した言葉が、良くも悪くも何万人、何十万人という人たちへと瞬時に届くようになりました。

それによって、信じられないような規模で災害支援メッセージが拡散するなど良い出来事が起こる一方、反対に言葉で人を傷つけるような悪いことも当然起こります。その分、傷つけられる人も多くなります。

ましてや、これからチャットGPTのような生成AIソフトがさまざまな領域に浸透し、進化してくると、人間が実感を伴って発信したものなのか、AIが見繕ったメッセージなのか、見分けのつかない時代になってくることは間違いありません。

そうすると、匿名という優位性を保ったまま、他者を傷つけることに躊躇《ちゅうちょ》のない言葉が、これからどんどん溢れてくると考えられます。

もはや、既存の関係論や幸福論みたいなものでは論じきれない場面がますます増えてくるかもしれません。そして、そのことによる価値観の衝突や論争、防御策としての規制が、人の心の中に混乱を生み出すであろうことは想像に難くありません。人間であることの価値観が、人と人との関係性における言葉が、迷走し始めるということが起こってきます。

だからこそ、**迷走しない自分になっていくしかないのです。自分というものをしっかりと認識することが大事になってくる**のです。

自分のありようを認識できなければ、虚像に振り回されたり、想像上のもう一人の自分を勝手につくって、現実の自分から離れてしまったりします。

しかも、現実の自分から目を背けたり、自分を偽ることが簡単にできてしまうツールもたくさんあるために、自分を認識するのではなくて、自分を他者に対していかに良く見せるかというほうへエネルギーを向けてしまうようになります。

山岡鉄舟先生は、次のように言われています。

「業《わざ》の出来たる人は。思慮分別が邪魔をして害となる。是を去れば則《すなわち》妙処《みようしよ》を知る」（能力に長《た》けた人は、考えを巡らした上で判断するために、かえって物事をし損じる。この思量・判断をやめれば、適切な加減を知ることができる）

ありもしない自分を大事にしないように、そして自分を見失わないように。

8 〝主人公〟とは主体性を持った自己

ＳＮＳや生成ＡＩソフトそれ自体が危険な代物なのではなく、問題は使い方です。自動車であれ、ナイフであれ、何事も活かし方次第で結果が大きく違ってくるように、新しいツールをどう使うかということであり、それらを自分の成長の糧にできれば良いのです。

どんなに素晴らしい道具があっても、自分が〝主人公〟となって、成長や貢献のために使いこなせる自立した人と、道具に使われているような人や言われなければやれない人とは二極化します。

もちろん、すべての人が自分で計画できて、何でも自分でやっていけるわけではないのですが、ある程度自分に負荷をかけて主体性のレベルを引き上げていくことは必要だろうと思います。

　そもそも人間というものは、易きに流れやすい生き物であるため、苦しいことに自ら挑戦していくには強い自覚が必要です。上司や監督・コーチに言われたことをやっているほうが楽なのです。誰もやっていない高みを自分で設定して、自分で創意工夫しながら、常に自己管理も行うといった大谷翔平選手のようなことは、普通の人間には難しい。

　また、どんなに便利なものが出てきても、必ず「その反面」が生じてきます。一日かかっていた距離を半日で行けるようになったけれども、それならばこのようなこともできますよね？　と求められることがあります。スピーディになればなるほど新たな仕事も発生するわけです。「パソコンがあるんだから、今日中に終わらせて当たり前」「みんなが携帯電話を持っているんだから、連絡が取れて当たり前」という一段高いことが社会のスタンダードとなって要求されます。生体としての人間のリズムなど無関係に、「できるはず」という基準がつくられていってしまうのです。

そうすると、道具のほうに人間を合わせていくことが必然的になって、さまざまな場面で主体的に判断したり、選択していくことが不可能になるかもしれません。禅宗で言う〝主人公〟――主体性のある自己でなくなってしまいます。

ましてAIが前提となって構築される世界は、人間は仕組み（システム）の下僕にならざるを得ないところが多々あります。人間がつくりだしたものでありながら人間にはコントロールできない状況は、人間の主体性を奪ってしまうことにもなりかねません。

禅の語録『無門関《むもんかん》』に、まだ修行の浅い雲水が、妄想がつくりだす自我意識を「真実の自己」と誤解して捉えることを戒める語があります。

「学道の人、真《しん》を識《し》らざるは、只だ従前より識神《しきしん》を認むるが為なり。無量劫来生死《むりょうこうらいしょうじ》の本《もと》、痴人喚《よ》んで本来人《ほんらいにん》と作《な》す」

AIが提供してくれる「自己」は、決して主体的な自己ではないことを示唆する一文だと思います。

絵画や文字なども、もはや画家でなくても、作家や詩人でなくてもAIがつくりだしてしまうと聞きますが、一方では、ごまかしようのないもの、たとえば料理とかスポーツとか具体的な物、そうしたリアルなものは価値が高まるのかもしれません。

そうした社会の変化に伴って、もはや、関係性というもの自体があやふやであいまいなものになりつつあるのかもしれません。自分と自分自身、自分と他者といった人間の関係だけではなくて、ＡＩと人との関係性をしっかりと考えていかなければいけなくなるでしょう。

しかも、人間同士のような「忖度《そんたく》」とか「顔色」とか「躊躇《ちゅうちょ》」とか、そういうことが通用しないとなれば、基本的には人のほうがＡＩに合わせたり、あるいは管理される立場になるでしょう。主体的に管理するはずの人間が管理される社会には、果たして自由などはあるのでしょうか？

第二章

自己を調える

理解していないようでいて最も扱いにくい自分。
相手に向けるような厳しい目を自分に向けて、
自己を育てようと考えたことがありますか？
思慮の過程は多くの気づきを与えてくれます。

1 自分の心が自分の敵

山岡鉄舟先生が尊敬していた白隠禅師《はくいんぜんじ》は、「坐禅は法戦《ほっせん》である」と言っています。次から次へと出てくる煩悩や妄想を、まるでその場が戦場であるかのように切って、切って、切っていくのだと言います。そうすると、最後に本性とも言えるものだけが残ります。それは人間の最も根っこにあるものという意味で「命根《みょうこん》」という言い方をしますが、それが現れるまで坐禅をするのは決して容易《たやす》いことではありません。

その坐禅でも悟りを開き、剣術でも「無敵」の境地に達した鉄舟先生は、「剣法は鍛錬刻苦して無敵に至りたるを以て至極とす」と言います。禅と剣の極みに達した鉄舟先生の言う「無敵」とは、「自分が一番強い」などという意味ではありません。「相手が敵」などという次元をとうに超えた、「自分の心が自分の敵なのだ」という意味です。

この「無敵」の意識こそが、勝つことが目的であるという煩悩・妄想を切り尽くして最後に残る、剣術の命根です。

鉄舟先生が自身の剣法を「無刀流」と称したのも、剣を使うとか使わないといった意味ではありません。「心のほかに刀なし」と言っているように、鉄舟先生は坐禅も剣術も、常に自分の心と向き合うために行っていたのです。

鉄舟先生をしてそれほど自分の心に向き合わせたものは、どう調えてもすぐに弱気になったり逃げ腰になったりする、人の心というものの本質的なありようです。そんな自分の心をよく分かっていて、だからこそ、そのままにしないで何とかそのありようを打ち破ろうとしているわけです。坐禅も、剣術も、他の誰のためでもなく自分自身のためにするものです。そのために鍛錬に鍛錬を重ねていくのです。

坐禅の相手も、剣術の相手も、常に自分。鍛錬とは「自分」を高みに至らせるものであって、その意味で坐禅も、剣術も、目的は同じであると鉄舟先生は見抜いていたわけです。

しかし、そこまで理解して鍛錬し続けながら、本当に悟ったのは四十五歳になってからだと自分で言っています。目指していたことがいかに高いところにあったかが想像されます。

「自分」というものがいかに癖が強くて、扱うのが厄介なものであるかを知らないために、生きづらくなったりトラブルの元になったりしていることが、私たちにはたくさんあります。

自分をいかに相手に認めさせるかということを考え始めると、「俺が、俺が」と自己を強く押し出していくことになります。そうすると、必ず意見の違う者が出現します。これが、いわゆる「敵」です。相反する者が出現するのは、自己の中に「俺が（自分が、私が）」というものが先に生まれているからです。もっと柔軟になって、凝り固まった「自分」などというものが最初からなければ、自ずから「敵」もいなくなるのです。

これが、坐禅にも剣術にも共通する考え方であると鉄舟先生は見抜きました。人間のあり方として現代社会にも通用する、非常に大事な示唆であると私は思います。

自己の葛藤に端を発して、さまざまな対人関係のトラブルなどが絶えず、それが大きな事件や犯罪に結びついていることは誰もが承知のことと思いますが、そうすると、人間にとっての一番の問題は、相手からもたらされるものというよりも、問題を引き起こすあらゆることの根底に「自分」という凝り固まった厄介なものが潜んでいることです。「いや、相手が悪いんだ」とか「私は全体の問題として言っているんだ」と主張しても、そう簡単に自分の都合を切り離して発言したり、行動したりすることは人間には難しいのです。

たとえば、自分を嫌な気持ちにさせる相手がそのとき限りでしか会わない人であれば、何とかその時間だけ我慢して、二度と連絡もしないことによって「敵」となることも避けられるのでしょうけれども、職場の人とか家族となれば、そういうわけにもいきません。その仕事を辞めてしまう、縁を切ってしまう、離婚してしまう、などという強引な方法もないことはありませんが、敵になるのが嫌だから離れていくというのも何かが違う気がします。そんなことをしても、自分の行き場や居場所をどんどん失っていくだけです。

むしろ、これを本質的な問題としてしっかりと向き合うほうが、自分自身の成長につながるように思います。**何が敵をつくってしまうのか、なぜ自分は問題を起こすのか、どうして人との関係がうまくいかないのか、というところを直視する**のです。他者との縁を断ち切ることができたとしても、「自分」というものは絶対に離れられない存在なのですから、「敵」を生む土壌は他者のほうにあるのではなく「自分」にあるのだとしっかり認識して、まずはこの「自分」とじっくりと向き合ってみるしかありません。

鉄舟先生の言葉を借りれば、「無敵」は嫌な相手が目の前からいなくなることではなくて、自分の心に「敵」というものが生まれようがない状態になることなのです。そうすることで、対人関係やトラブルや葛藤を減らしていくことが現代人の通過しなければいけない課題なのかもしれません。

人間にとっての最後の「敵」であり根源的な「敵」、それが「自分」なのです。

2 「無私」を養う

山岡鉄舟先生が生きた江戸末期から明治初期は、幕藩体制が終焉を迎え、世界に伍していくための天皇制による近代国家＝日本をつくっていくぞという維新の荒波が押し寄せた時代でした。

外面としては剣術の道を極めつつ、禅を内面に持って「剣禅一如」という生き方を探究した鉄舟先生にとって、この時代は自分を磨くことに時代を活用したという意味で「砥石」のようなものだったのかもしれません。

十五代将軍徳川慶喜の使者として西郷隆盛と直談判し、官軍の進撃を抑え「江戸無血開城」を実現したことは多くの人の知るところですが、その出会いをもって西郷は山岡鉄舟という男を大変評価し、「命もいらぬ、名もいらぬ、官位も、金もいらぬ、始末に困る人」と評しました。その時、官軍の兵がずらりと居並ぶ中を堂々と西郷に会いに行って無事に帰ったのですから、まさに鉄舟先生は〝捨て身〟の姿勢だったと言うことができます。

言葉で言うのは簡単ですが、鉄舟先生の〝捨て身〟とは生も死も超えている泰然とした精神のことです。それは剣と禅によって醸成されたものです。間違いなく、鉄舟先生以外の人間では西郷との交渉もうまく進まず、江戸は火の海になっていた可能性が高いと思われます。

もし、徳川将軍家の最後が歴史と違っていたら……と想像すると、旧幕府勢力の新政府に対する不平不満がくすぶり続け、明治という時代も非常に陰鬱なものになっていたかもしれません。もっと人の血が流れた近代史になっていた可能性があるとすれば、たった一人の行動が大きな分岐点になったとも言えるわけです。

そう考えると、単に「山岡鉄舟は〝捨て身〟だった」と見るのではなく、自分自身は何もいらない「無私」の気持ちを持った者にしかできない究極の場が人生にはあるのだと考えていくことが、歴史から学ぶ姿勢だろうと思います。

現代でも「無私」であることが必要な場面にたくさん出くわすように思います。いざというときには勇猛な心を持ち合わせていないと何事も成し遂げることはできませんが、それが単に闇雲に突き進む思慮の浅い行動であったり、利益を計算した欲深い目的であっては、本当に有益な行動にはなりません。自分には何も見返りのない、全体にとってあるべき形を考え抜いた上での真摯な言動が「無私」のあり方です。

よく耳にする「プライド」とか「こだわり」といったものも、裏を返せば「自分」への執着です。

「俺が、俺が」であるために、強いプライドを前面に出したり、自分だけのこだわりを持ち続けると「敵」が生じるだけでなく、知らず識《し》らずに危うい道を行くところまで行ってしまうこともあります。でも、今の世の中はそういうことが大事で、むしろプライドやこだわりを持たない人間は「自己が確立できていない」とさえ思われてしまいます。真実が逆さまに見えてしまっているのです。

ところが、鉄舟先生が熱心に行った禅では、修行道場に行くと必ず「自分」とか「私」といったものは全否定されます。そして、ひたすら叱られる場所でもあります。そうしないと「敵」を生む原因となる「自分」「私」「プライド」「こだわり」といったものが外れないからです。

私も若い頃、初めて修行道場へ行く際に父親から、「褒められるようになったら帰ってこい」と言われましたが、それは決して褒めてもらえる場所ではないということの裏返しだったと、実際に行ってみて知ることになりました。

しかし、修行というものはそういうことで、日常では経験できない「叱られる」ことをあえて経験するわけです。叱られるというのは**ただ叱っているのではなくて、「自分にとって、お前は本当にそれでいいのか?」と指摘してくれている**のです。そうすると、「こんちくしょう! 絶対にやってやるぞ!」と自分自身に向けて意識が高まっていく。叱った人に対しての感情ではなくて、自分をどうやって高めていくかということに気持ちが向き始めます。これが、少しずつ「私」がなくなって本当に強い自己が育っていく過程なのです。

今の世の中のように、「褒めて育てる」というスタイルは、禅の修行とは真逆のやり方です。日常の中では叱られる場面も場所も少なく、叱ってくれる人もいません。「素晴らしいですね」と褒めれば嫌われずに済むので楽なのですが、「ここはこうだから変えたほうがいいよ」と言わなければいけないのが、本来の先輩や上司や親や教師の役割なのです。それが本当の親切というものです。そういう場面でも先輩や上司や親や教師が「自分」を大事にしすぎるから、正直に言えなくなるのです。

そして、一方の後輩や部下や生徒や子どもも、褒められると嬉しいし、甘えの中に安住したい「自分」が根強くあるために、「もっと叱ってください」などと自ら言うこともありません。

つまり、自分自身を本当に大事にしている人は、心の底から求めるものがあって、それを自分でやっていこうと思っている人です。そうした人は叱られることをありがたく感じるので、叱る人を「敵」だとか嫌な人とは考えません。むしろ、自分では気づかないことを知らせてくれる、なくてはならない存在だと思っています。

「私はこう生きるのだ」という自覚がある人。これを求めるのだ、こうありたいのだ、こういう人間になりたいのだ、と自分を見つめる人。そんな人たちは、他人がどう言ったか、世の中が評価するものは何か、みんながいいという本には「○○すべし」と書かれている、などという他人の〝ものさし〟などまったく意に介しません。

禅も、そういう人しか相手にしません。また、そういう人でなければ修行をしてもまったく意味をなさないのです。

鉄舟先生は自分自身に求めるものがあったからこそ、剣術や坐禅を通して修行したわけですし、だから悟ることができたのだと思います。その過程で、求める道において邪魔になる「自分」というものを捨て切ったということです。

3 人生に何を求めるか

本当はそうではないのに、逆さまに捉えられていることが、私たちの社会にはたくさんあります。前述のように、プライドやこだわりもそうですし、「○○すべし」ということもそうです。同じように、「迷っている人を導く」という今の社会のあり方も、禅ではむしろ逆で、「もっともっと迷いの中へ突き落とす」ほうが重要だと考えます。そのため禅では、こういうことが正しいとか、ああいうのは間違っているなどと批判するようなことはありません。そんなことは、迷いの中から本人が自分で見つけ出すことだと考えているからです。叱るのも迷わせるためです。

でも、今の社会では迷うことは無駄で、答えを知っていたり、すぐに答えを探せる人が優れているとされます。

そうすると、師弟関係なども当然、そのあり方が違ってきます。

獅子《しし》（ライオン）の親は谷底に子どもを突き落とし、崖を這《は》い上がってきて親の脛《すね》に嚙《か》みつくぐらいの子どもでなければ育てないと言います。人間はそこまではしませんが、それが育てる者と育てられる者との理想の関係なのでしょう。

禅の世界でも、師と弟子の最も良い関係は、「恨みにつく」関係と言われています。叱られる弟子、恨まれる師、師を恨みながら成長していく弟子、恨まれても弟子が成長すればそれで良いと考える師――。このような関係が成り立つのは、「自分の考えている自分なんて、本当の自分ではない」と師が理解しているからで、人間には自我意識を捨て去る成長の仕方もあると知っているからです。

スポーツ選手とコーチの関係にも似たようなところがあると思います。特に一流のアスリートは自分のほうから「求めるもの」があるので、厳しい指導を恨みながらも、自分自身の問題だと理解して自分を追い込んでいけるわけです。ところが、嫌々やらされている選手は自分から求めるものがないので、恨みを自分の糧へと昇華することができません。この両者の差は、同じチームに所属していても天地ほどの開きがあります。

これが禅の世界と現代社会の開きにも似ていて、叱られてもそこから力が湧いてくる経験をした人と、褒められたことしかない人では、自分で自分を育てる力がまったく違います。一流、超一流と育っていけるかどうかは自分自身の問題で、自分への矯正力を自ら涵養していかないと、生き抜く力は衰退していくことになるでしょう。

「どうせ同じ給料なら怠けて楽するほうがいい」と思う人間になるのか、「この仕事は自分を成長させるためにある」と思う人間になるのか、その差は「俺はこう生きるんだ」という覚悟であり、求めているものの違いです。

「学びて成らざるの理なし。成らざるは自ら為さざるなり」と、山岡鉄舟先生は言います。やってできないことはない、できないのは努力が足りないからだということです。

最近は、我慢とか忍耐とか根気というものは敬遠される傾向にあります。努力しないでスムーズにやれることがいいのだという空気すら感じます。

我慢、忍耐、根気が聞かれなくなった半面、「楽しもう」という言い方が巷《ちまた》に溢れ、強迫観念のように年々強まっている気もします。ともすると、人生は楽しめていなければ間違っていると勘違いさせられそうです。

しかし、「自分」というものを持て余し、困惑している人間が、スポーツも仕事も何もかもを最初から楽しむことなどできるのだろうかと疑問です。超一流のアスリートたちならば楽しめる領域に達しているかもしれませんが、そのために彼ら一握りのアスリートたちは我慢し、忍耐し、根気をとことん費やしてきたはずです。その先に楽しめることがあるかもしれないし、少なくとも順番としてはそうであろうと思います。

つまり、一般的には避けたがることにあえて立ち向かって自分自身を追い込める人たちと、楽しめと言われても楽しめずに悩んでいる人たちとは、雲泥の差があるわけです。誰にも解けない数学の難問を考え続けることが楽しくて仕方がない数学者の「楽しむ」が、教科書を開くのも嫌な子どもに分かるはずがありません。だから、「人生を楽しむ」が実感できるためには我慢も苦悩も葛藤も根気も努力も必要なのです。

山の中へ行くと、かすかに「道なのかな……？」と思える場所があります。いわゆる獣道《けものみち》です。そこを人も通り始めて、いつしか登山道（山道）となっていきます。つまり、最初に「私はこの道を行くのだ」という意志があったところが、最終的には道になっていくわけです。**何度も何度も歩き通す。我慢して苦労して歩き続ける。そうしてやっと、自分の「道」というものがつくられる。その過程で「私はこう生きているのだ」という実感や自信が生まれてくる**のです。

小さなことでいいから、自分でやってみる、失敗する、成功する、自分で踏みしめてみる——そのことが自分にとって確かなものになるかどうかは、自分は人生に何を求め、どう生きるのかという最初の意志によるもので、楽しめるか否かという問題は、その後で良いのではないかと思います。

4 滅私と自由は相反するか？

ストレスのない職場、楽しい環境、自分を前面に出していける業種――そういったキャッチフレーズの就職・転職広告を見かけますが、果たしてそんな仕事があるでしょうか。むしろ、仕事はそうあらねばならない、と考えてしまうと、余計なプレッシャーになりそうな気もします。

そもそも、仕事をするということの満足感は、外部環境から与えられるものというよりも、「自分の中に求めるものがあるかどうか」に左右されます。

たとえば、自由というものも、他者から与えられたり、パソコンで検索して探していくものではなく、自分自身の見方や考え方が少し変化するだけで「自由だ」と感じることがあります。その見方や考え方の自己変革を、「自分」や「自我」を滅する方向へと展開させていくことができたら、とても有意義なことのように思います。

社会にも、家庭にも、職場にも、あらゆる物事や状況が「はい、どうぞ」と用意されていることなど、ほとんどあり得ません。私たちは、自分が求めるレベルに応じて、活用できるものを見抜いて、活用していこうとしますが、同じものが目の前にあっても、人それぞれ活用できるレベルは異なりますし、自分にとって不要なものとしか見えなければ、「ほかに用意されているものはないか?」と探し続けるだけになるでしょう。

スマートフォンで得られる情報も、すべて誰かが過去につくったものでしかなく、自分が自分のために自分の意志で築いたものではありません。そうであるならば、そこに自分の求める答えがあると信じ込む必要はありません。——こう考えることが「自由」の第一歩です。


日本では戦後、価値観が転換していく中で、「滅私奉公《めっしほうこう》」的な身の処し方は消えていきました。会社と個人の関係でも、社会と自分との関係でも、「滅私奉公」などと言えば違和感があり、代わって「自由」や「権利」のほうが当たり前になっています。もちろん、自由や権利は必要なことですし、私たちが社会の中で生きる上で大事なことです。ただ、「私を滅する」ことでしか分からないことや、うまく進んでいかないことがあるのも事実です。「私」を押し通したまま、全体を調和させることは不可能です。「私」の目は、自分に都合の良いようにしか見ようとしないものです。もはや死語になっていますが「愛社精神」なども、自分を含めた組織全体の関係性を意識するという意味では、もう一度、捉え直してみても良いように思います。

私事にのみ重きを置いて、他人のことや全体のことをないがしろにするようなことが「自由」だという風潮が強くなってしまうと、自由のためにどんどん自分を押し出していくようになるでしょう。それでは人と人との衝突を回避できませんし、職場も社会も正常に機能しません。たとえば、車社会の安全を保つには、個々人の都合が排除された俯瞰的な交通ルールが必要なのと同じように、私たちにも自由を享受するためのルールがあるのです。

要するに、**滅私であることが、「自分」と自由や権利とのバランスを保つ**のです。そこに所属しているみんなが自由や権利を得るためには、みんなが滅私の意識を持っていることが前提となります。

「自分」や「自我」を滅することができなくて、むしろそれに囚われて、周囲との軋轢《あつれき》が増えて、思い込みで固めた理想を実現できずに自己嫌悪に陥り、苦悩がどんどん深くなる――。「自分」を取り巻く問題には、そのような構図があるわけですが、逆に、「滅私」という言葉を意識するだけで、全体の中の自分のあり方が見えてきたり、所属する場所での役割が明確になることは往々にしてあります。

5 自分の眼の向く先

広く知識や知見を求めることのできるこの時代に、かえって自分を縛り付けたり迷いを深めたりしてしまうのは、多くの情報に振り回されることが原因の一つです。

情報量に伴って、今の自分ではいけないように思い込まされることが世の中にはたくさんあります。適度に自分を律したり、自分が磨かれていくような情報の取り入れ方ができればいいのですが、「こういうことではダメだ」「もっとこうすべきだ」「こうするのが正しいのだ」という圧力を、仮想空間が〝倫理観〟と称して押し付けてくる場合があるのです。

そもそも、倫理観がどういう経緯で世の中に出てきたのかはよく分かりませんが、少なくとも現代のような、あれこれと私たちを縛り付けるような意味合いのものではなかったのではないかという気がします。

現代では、もっとおおらかであって良いはずのことも倫理観が束縛して、「こうあらねばならぬ」という狭い料簡《りょうけん》で閉じ込めてしまいます。芸能人が不倫をしたことを週刊誌が報じて、それに対してまったく無関係の一般市民が自分の意見をさも倫理道徳の先生であるかのように投稿したり、当事者の芸能人も謝罪会見をしますが、詫びる相手は家族や、せいぜい関係するスポンサーくらいでいいのではないでしょうか。

同調圧力と倫理観は本来は違うはずなのに、いつの間にか混同されて、妙な正義感ぶった意見が増殖している現状には違和感を覚えます。おそらく職場や学校の中や、子どもたちの習い事、地域のご近所の間などにおいても、似たようなことが起こっていると想像されます。

ネット空間が存在するまでは、おおらかに考えて、おおらかに接していくことでその人の尊厳が守られたり、世界の中での密かな存在として許されていたのに、今では何でもかんでも表舞台に引っ張り出されて曝《あば》かれて、そこに「倫理的に問題だ」と攻撃されてしまうから逃げようがありません。それこそ、自ら然るべきあり方で生きられなくなってしまいます。適度で良いことは適度で良いという感覚を知ることのほうが、杓子定規の倫理観などよりも大事なのではないか、という問い直しが必要です。

たとえば、会社という組織が成り立つために必要な意識は、個人の権利ではなくて、やはり愛社精神です。会社が愛社を要求するのではなくて、個人が自分の好きな仕事をする場所や環境としての会社を愛する。これが本来的な「愛社」の姿で、それを「愛すべきだ」といった形になってしまっては逆さまです。

その意味で、山岡鉄舟先生の国家観はシンプルですが参考になります。

福沢諭吉が何人かの明治政府の高官に（鉄舟先生は対象になっていませんが）、「二君（徳川慶喜と明治天皇）に仕えるのはいかがなものか、あなたの忠誠心はどこに向いているのか」と問います。ある倫理観で見れば、徳川慶喜の家臣であったのに乞われて明治天皇の侍従となったことは、「敵同士」のそれぞれのトップに仕えるわけですから矛盾しているように見える。けれども、鉄舟先生自身には何も矛盾がなかったのです。天皇を守る徳川家に仕えた自分としては何も矛盾していないし、日本という国はそういうあり方だ、と述べています。それは変節などではないのです。つまり、大政奉還後の息苦しい倫理観をはねのける「自分の眼《まなこ》」を鉄舟先生は持っていて、その眼の向く先は徳川家であり、天皇であり、そして国家であったわけです。

私たちも、たとえば自分が会社員だとして、自分の眼は会社をどのように捉え、また自分と会社の関係をどのように捉えているでしょうか？　**世間的な倫理観を一度取り払って、「自分の眼」で見ることが大事**だと思います。

6

「諦め」を持つ

一言で言えば、今は「どんな服を身に付けているか」ということが評価される時代です。中身よりも所有するものや肩書が評価される傾向があります。家族からの評価も、肩書や収入ということになっているかもしれません。

しかし、そういう社会は果たして幸せでしょうか。生身の自分は評価の対象にはならず、そして、周囲が自分をどう評価しているかを気にして生きていく。そうすると、自分自身も生身の自分を知らない、ということになってしまいます。

しかしながら、そういった外面の評価は、所詮、今だけの借り物にすぎません。もっと言えば、自分にとって大事だと考えている技術や知識、情報も「我が身」ではありません。**そのような〝装飾〟をすべて取り払った裸の自分を、自分で見ようとしない限り、**

本当の「我が身」は見えてこないと思います。

『食えなんだら食うな』（関大徹著、ごま書房新社。初版本は一九七八年に山手書房から刊行）という本の中に、次のようなエピソードが紹介されています。

著者の老僧はある時、若い修行僧から、自分の寺は収入が少ないため兼職（兼業）を考えているが、そのことに躊躇《ちゅうちょ》する気持ちもあり、どうしたら良いでしょうかと相談を受けました。老僧が「兼職などという厭《いや》らしい誘惑に負けるな」と激励しても修行僧は、それでは食っていけない……と言葉を返します。それに対して老僧は言いました。「それでいいではないか。食えなければ食わねば宜しい」。

このように言うことが、現代では難しくなっています。「食えなければ食わねばいいんだ」と諦められない時代なのです。ここで言う「諦める」とは、断念するという意味よりも、受容する、諦観するという意味です。肩書や収入や知識や技術といった、裸の自分ではないものにしがみついている分だけ、そこからのやめ方や終わり方が難しくなっています。原因は「執着心」です。

財を成した海外の経営者たちは、それまでの仕事をスパッと辞めて、まったく違う畑の社会貢献活動みたいなことを始めたりします。慈善活動をしているビル・ゲイツなどはその典型です。

ところが、日本の経営者たちは、辞めたのか辞めてないのか分からなかったり、経営者でなくなってからもいろんな肩書を持って存在感を示そうとしたりします。終われない、やめられない、捨てられない、ということが損得勘定や他者との比較と絡んでくると、ますます諦められなくなります。

また、日本人はいつから厚かましくなってしまったのか？　と思うことが目につきます。子育て給付金、新型コロナ給付金といった特別措置が議論されると、必ず「みんな一律を前提に」という声が出てきます。そのような支援がなくては立ち行かない人がいるからこその特別措置であって、みんなに必要なわけではないはずなのに、「あいつがもらっているのに俺がもらえないなんて！」という感情が起こってくるわけです。

だけど考えてみてください。すでに昔の話になっているかもしれませんが、日本は戦争を経験しました。そのとき、日本人は約五年間も食うや食わずの苦労をして、空襲を恐れながら暮らしました。その渦中にいた私の親世代からすると、やれコロナだから、やれ物価高だから、やれ会社がリストラしたから、と何でもかんでも「給付を」「支援を」などと頼るような話を持ち出したら、「何言ってんのよ！」と一括されるのは間違いありません。「だって食べられてるんでしょ？　何が問題なのよ！」と私の母親なら言うはずです。そういう自分の欲を晒《さら》すようなことが一番みっともなくて恥ずかしいと言うでしょう。

そうした意味では、「食えなければ食わない」と腹をくくることができていた時代のほうが、命について深く実感できていたような気がします。「自分までつないでもらった命」だから大事にしなきゃいけないと考えるし、「この後もつないでいかなきゃ」とも思うわけです。「食わない」という覚悟と、命というものを〝私的〟に取り扱わないという自覚が同時にあったのです。だから、親世代の人たちは、「自分の生き方においてて」という自信というか真剣さが深かったのだと思います。

7 生きながら死人となりて

私たちにとって、「自分」ほど厄介なものはありません。「自分」こそ、自分が最も言うことを聞かせられない〝相手〟です。そのことをここまで見てきました。

なぜ「自分」は厄介なのか。仏教的に説明しますと、それは人間には煩悩《ぼんのう》が存在するからです。

この煩悩とは、私たちを悩ませる心の働きのことで、欲望や執着、怒り、憎しみなどさまざまあります。そして困ったことに、この人間のありようそのものが、最初から煩悩の種なのです。食欲、性欲、睡眠欲などの煩悩は肉体があるからこそ生まれてくるわけですが、この身体を滅することによって欲望を滅することができます。

ただ、その意味するところは、必ずしも肉体を滅ぼしてしまうということではありません。ちょっと変な言い方をしますと、「生きながら死ぬ」ということです。どういうことかというと、生きているけれども人間の欲を死滅させている状態のことです。

至道無難禅師《しどうむなん》は、「生きながら死人となりてなりはてて　思いのままにするわざぞよき」と詠《よ》んでいます。生きている間に煩悩を死滅させて、思いのままに振る舞うことの何と良いことか——と言うのです。

そうは言っても、私たちは人間なので、欲望を捨て去るのは簡単ではありません。そのため、**大事なのは、欲望や感情を持つことは避けられないけれども、それに振り回されないこと**です。そこが、自分が主体性を持って自分の人生を生きるというテーマに直結します。

仏教の戒律は、お釈迦様が制定して、仏弟子たちに「この戒律に従って生きなさい」と示したものです。だからといって、戒律を守ればそれでいいということではなくて、戒律に従って生きていく中で、自分自身の心の落ち着きであったり、この世界の中での己のありようを自分自身で感じていくことが大事なのです。

戒律が機械的にただ守らなければいけないものになってしまうと、自分はこうしたいけれども戒律に縛られてしまうというように、自分と戒律が対立した関係になってしまいます。それでは戒律を自分のものとしていくことになりません。戒律の中で自然に生活し、そのことが理に適《かな》っていると感じられる——そういうあり方を目指せばいいのです。

社会のルールや職場での決まり事も同じです。そうすれば「自分を縛り付けているものがある」と過剰に抵抗する必要もありませんし、余計な欲も湧いてこなくなるのです。

しかし、今はそのような道理に適った生活や生き方を教えてくれる場がありません。会社にもないし、学校にもない。かろうじてお寺くらいでしょうか。だから休日にお寺の坐禅会へ参加する一般の方が増えているのかもしれません。

道理に適った生き方や、自己を調える生き方を教えてもらえる場所がいかに重要なのかということは、迷ったり困難なことに出遭ったりしたとき、如実に感じるものです。

だからこそ、現代人にとってお寺というものが大きな役割を果たすのではないかと思います。そのような仏教や禅との関わりを通して、現代社会でないがしろにされがちな「自分の修養」というものに意識を向けてもらいたいというのが私の願いです。特に働き盛りで、その仕事のために自分を見失いがちになる三十代、四十代の方々に対して、そう思います。

たとえば、『論語』なども自分の修養のために有益な、手に取りやすいテキストではありますが、それだけでは「枝葉」の勉強にしかなりませんので、生きる上で大切な「幹」の勉強は、禅寺などで指導を受けることで身に付くと信じてみるといいと思います。禅の修行道場に自分の身を投げ入れてみるのも、一つの腹のくくり方です。

この章の最後に、弱冠十五歳にして人間としての覚悟を示した山岡鉄舟先生の「修身二十則」を一読いただきたいと思います。他者から縛り付けられるものではなく、自分自身を成長させるために自分に課したものです。自分を見つめる眼の確かさに驚くばかりです。

「修身二十則」

一、嘘を言うべからず
一、君の御恩忘れるべからず
一、父母の御恩忘れるべからず
一、師の御恩忘れるべからず
一、人の御恩忘れるべからず
一、神仏ならびに長者を粗末にすべからず
一、幼者を侮るべからず
一、己に心よからず事　他人に求めるべからず

一、腹をたつるは道にあらず
一、何事も不幸を喜ぶべからず
一、力の及ぶ限りは善き方に尽くすべし
一、他を顧して自分の善ばかりするべからず
一、食する度に農業の艱難をおもうべし　草木土石にても粗末にすべからず
一、殊更に着物を飾りあるいはうわべをつくろうものは心濁りあるものと心得べし
一、礼儀をみだるべからず
一、何時何人に接するも客人に接するよう心得べし
一、己の知らざることは何人にてもならうべし
一、名利のため学問技芸すべからず
一、人にはすべて能不能あり、いちがいに人を捨て、あるいは笑うべからず
一、己の善行を誇り人に知らしむべからず　すべて我心に努むるべし

第三章　幸福の在り処

幸せとはどういうことなのでしょうか？
つくられた幸福観に自分を合わせないで、
今ここにあることへの感謝を実感できる。
そこにこそ幸福があるのかもしれません。

1　幸せを感じ取る力

テレビや新聞や雑誌、ＳＮＳなどで他人が発信する情報を見て、おいしそうな食べ物や心地よさそうな場所を「羨ましい」と思い、発信する側もそういったアピールをすることが幸福をもたらすという空気感が高まっている気がします。私たちは、なぜそのようなことを幸せに思うのでしょうか。

そもそも人間には、自分で自分の価値を知ることが難しいのかもしれません。だから、代わりに学歴を得ようとしたり、一流企業に入ることを自分自身の価値として考えたりする。本来の自分の価値が分からないから、「付属するもの」（属性）を自分であると錯覚して生きているということです。

言い換えると、幸せも形にしないと分からないのです。本来、幸せは今の自分が自分について感じるものであるはずなのだけれども、私たちは全般的に感じる力が衰えてしまって、分かりやすく視覚的に形にして満足している気がします。ＳＮＳというツールの発達も、それと無関係ではないかもしれません。しかし、形ばかりが優先されると、感じたり考えたりという人間の持つ機能はますます衰えていくはずです。

とうとうここまで来たか、と思った事件は、白昼銀座で起こった宝石強盗でした。これもまたＳＮＳを使って集められた闇バイトによる犯行でしたが、その一部始終を記録していた録画が拡散されたのもＳＮＳを通してでした。

この事件の実行犯は若い男たちでしたが、それを指示したのは誰だか分かっていません。誰に命じられたか分からないのに、報酬が「〇十万円」とか「〇百万円」というのだけは明確です。だから、報酬さえ振り込まれれば誰が後ろで操ろうが関係ない——そういう新しい構造の犯罪です。

実行犯たちが、強盗をすれば人生を棒に振ることになるというイメージが持てなかったのだとしたら、やはり「〇十万円」「〇百万円」という分かりやすい〝形〟が優先されていたからではないかという気がします。

この実行犯は一部の特殊な人なのか？　人間は何になりたいのだろうか？　いったい人間はどこへ向かっているんだろうか？　そんな根源的な疑問を抱いた事件でした。


しかし、どれだけＳＮＳや情報発信ツールが発達したとしても、最終的にはそれらを使う人間の問題であって、道具そのものに問題があるわけではありません。

幕末期、黒船がやってきて開国を求めたり、開国派と攘夷派が対立したりといった物騒な世の中になって、それまで二百数十年続いてきた太平の世がゆらぎ始めた頃から突然、剣術が流行りだしました。江戸三大道場（鏡新明智流の士学館、北辰一刀流の玄武館、神道無念流の練兵館）だけでなく剣術道場が雨後の筍のごとく増えて、入門する人たちも大勢いました。

ところが明治になって「廃刀令」が出され、刀が持てなくなると、自ずと剣術道場もその余波を受けて潰れていきました。師範や免許皆伝された人たちも食い扶持《ぶち》に困るようなこととなり、見世物小屋などで剣術の試合を行って日銭を稼ぐような日々を送らざるを得なくなりました。

そんな中、山岡鉄舟先生はあえて道場をつくりました。その道場は、もともと鉄舟先生の考えがそうであったように、剣術というものは人を斬る技ではなく、己の心を修養するためのものという精神を掲げた道場でした。ここで初めて剣術が「剣道」になるわけです。

剣そのものは時代が変わっても剣であることに違いはありませんが、その剣は自分にとって何であるのか、そこが最終的に問われるのです。臨済宗《りんざいしゅう》の祖である臨済禅師の言葉に「随処《ずいしょ》に主《しゅ》となる」という言葉がありますけれども、情報発信ツールをどう使うのか、それは自分で考えていくもので、大所から見れば、幸せを感じ取る力と関係しているような気がします。

常に新しいものが生み出されてきて、その使い方も少しずつ変わっていくのが世の常でしょうが、何事も最終的には「己のあり方」というところへ行きつくことで根付いていくのだろうと思います。そういったものが「道」と呼ばれるものへとつながっていくような気がします。

道具を使うことが幸せなのでもなく、世の中に対して主張して目立つことが幸せでもありません。そこに自分なりの信念や、その信念に基づいて何を行うのか——それが大事なのだと鉄舟先生の行動が教えてくれます。

絶対的な幸せなどないように、絶対的な不幸も存在しません。あくまでも相対的なものとして幸／不幸と称しているにすぎないのです。

そうであるならば、**あらゆる出来事はそれをどう受け入れるかという自分自身の主体性の問題だ**ということです。臨済禅師の言う「随処に主となる」、つまりいかなる場所においても主体的に生きる人と、道具に使われる人と、ここが両極に分かれていく境目だろうと思います。

2

「お前は体の奴隷か⁉」

自ら主体的に行動するというのは、実際には口で言うほど簡単なことではありません。究極的に言えば、自分の感情に対しても主体的であるかどうかが問われます。悔しさをバネにする人もいれば、悔しさのあまり自暴自棄になる人もいます。この違いは、感情を自分の成長に使うか、感情に自分が使われるかの差です。感情が「主人公」ではなく、あくまでも主人公は己であるということです。

禅の道場では修行中、一日に十時間くらい坐禅をすることがあります。坐禅をすれば足が痛い。それが表情や姿に出てしまいます。私もつい、「……痛い」と口から出てしまったことがありました。

すると、師から、

「痛い？　痛いとは何じゃ。お前は体の奴隷か⁉」

と叱られました。

決して根性論を言っているわけではありません。**感情に自分が使われてしまってはいけない、誰が主人公なのか、と師は問いかけてくださっている**のです。


以前、ある企業の新入社員研修に講師として招かれました。

規模の大きな会社で、新入社員の数も多く、開始早々、後ろのほうでおしゃべりが始まりました。

現代はハラスメントに配慮しなければならない世の中になっていて、過剰な遠慮が生まれたりもしています。また、そういう「配慮」「遠慮」に慣れてしまっている世代ということもあったかもしれません。

でも、おしゃべりを放置しておくこととハラスメントは別のことです。私は、

「うるさい！」

と一喝しました。瞬時に、水を打ったように静かになりました。

その時、自分が道場での修行時代に「お前は体の奴隷か⁉」と叱られたことを思い出していました。

自分の感覚や態度、考え方などは一方的なもので、誰かに指摘されなければそれらを客観的に捉えることなどできません。その指摘を「ハラスメントだ」の一言で拒否してしまうのは、大きな変化や気づきのチャンスを逃してしまうことになります。坐禅で足が痛い、友達とおしゃべりしたい――そうした自分の感覚や感情に己を任せていいのか？という問い直しをする瞬間が、私たちには必要だということです。

突然、戦争が始まる。銀座を歩いていたら、突然、宝石店から覆面をした強盗が出てきて、逃げ去っていく。起こり得ないと思っていたこと、想像もしないことが起きると、私たちは現状認識がうまくできなくなります。

「死」も、おそらくそうです。「手の施しようがないほど病気が進行しています」と医師に宣告されたときだけでなく、数秒前まで楽しくおしゃべりしていたのに、そこへ車が突っ込んできて自分でも何が何だか分からない、ということだってあり得ることです。私たちが「死」について考えないようにしてきたから「まさか」と思うだけであって、人は死ぬものであるということに例外はありません。今、「生」であるからといって「死」がなくなったわけではないのです。当たり前のことですけれども、そのことをどうしても忘れてしまいます。

「幸せ」もそうです。今がどれほど幸せであっても、次の瞬間には不幸になる可能性を秘めている。だから、永遠の幸せも、永遠の不幸もないのです。もっと言えば、幸せというのは瞬間的に感じるもので、不変の状態ではないということです。

「塞翁が馬」ではないですが、喜びも悲しみも永続的なものではないわけですから、結婚式での幸福感と、新婚旅行から帰ってきたときの不満感と、でも子どもが生まれた瞬間の涙を流すほどの感動と……といった、その時々の瞬間的な幸不幸の感情で生きているのが現実です。

ずっと悲しんでいる人もいませんが、ずっと笑っている人も、ずっと泣いている人もいません。幸せにしても、こんなふうになることが幸せなのだという一つの状態ではなくて感覚的、感情的なものです。「ああ、幸せだなぁ」と感嘆するその一瞬こそが幸福感の重さでもあり、一瞬だからこそ永遠なのです。

3
「思い通りにならない」が大前提

私たちは、「幸せな結婚生活」「満足度の高い仕事」「助け合える人間関係」などの理想をまず思い描いて、結婚や仕事や人付き合いを始めます。

それらは、「こうありたい」という自分の願望であり理想なのですが、ものごとはそんなにうまくは進みません。努力目標としては効果的かもしれませんが、その願望や理想への執着が強すぎると、自分で勝手に描いたものでありながら、「こうでなければならない」「これが正しい」という歪んだ固定観念に変わっていきます。

これでは、幸せを求めながら逆の方向へ進んでしまうことになりかねません。思い通りにならないことを受け入れる、そこで現実的な考えを持つことができる、何も知らずに理想だけを述べていた自分から成長した、という変化が生まれるほうが幸せの質も変わっていくのではないでしょうか。

お釈迦様は、「人生は苦である」とおっしゃいました。この「苦」は、「思い通りにならない」という意味です。

逆説的な言い方ですが、思い通りにいかないということを前提に生きることで幸せを味わうことができる、という発想です。ほとんど思い通りにならない中で、望んだことが一瞬できたり、思いがけず良い出来事に遭遇したりする。その瞬間的な喜びは生きる力になります。

だから、状況や環境が常に自分の思い通りになれば幸せを感じるのではなく、状況や環境の問題とは別のことが幸せの実感に影響していると言えるでしょう。未婚の人の中には「結婚できたら幸せになれる」と思う人もいるかもしれませんが、長く一緒に暮らせば必ずしもそうとも限らないことは多くの既婚者が感じることでしょうし、それでも、子どもが生まれてきた瞬間は言葉にならないほどの幸福感や充足感に包まれたりします。

よく耳にする議論ですが、「いい学校を出て、いい会社に入りなさい」という親の押し付けは本当に子どもの幸せを願っているのか？　それとも親のエゴなのか？　というものがあります。

私は、学歴や就職先の知名度を一概に無駄だとは思いません。自分はこの学校で学んでいる、この会社で働いているという意識が、「だから、しっかりしないと」という戒めになったり、そこから自分の成長へとつながっていくこともあるだろうと思うからです。

学歴とか職業とか社名とか肩書などというものが、そのまま幸せに結びつくわけではないけれども、自分の成長につながることはある。もちろん、そこにあぐらをかいてしまえば堕落の人生を送ることになるかもしれませんが、それは幸福論とは別の問題です。もっと言えば、幸福ですら自分を高めるための要素の一つくらいに考えて、幸せをゴールとしない考え方のほうが人生が豊かなものになるのではないでしょうか。

そうすることによって、「こうでなければならない」という縛りからも自由になれますし、瞬間の喜びが貴重なものと思えますし、次々と襲ってくる難題や乗り越えられそうにない壁にぶつかっても、「自分にとっての成長の糧」として捉えることができるのではないかと思います。

つまり、「それは幸せなことか、不幸なことか」と分けるのではなく、「それは自分にとってどのように活用すべきことか」と考えを変えてみるのです。学歴、肩書、お金、権力、すべてそれ自体が問題なのではなく、自分の使い方にあるはずです。民主主義だからいい、独裁主義だからダメではなくて、民主主義をどう運営していくか？という自分への問いかけとして捉えることが、本当の自分の幸福感につながっていくような気がします。

そもそも、どのようなことを幸せと考えるかは、時代によって異なるようです。かつては「出世」することが社会人としての最大の価値で、それが達成できれば幸せだという、一括りにしたような幸福論がありましたが、今では若い人たちは「出世」にさほど興味はなく、できれば責任のない仕事を時間内でこなし、職場の人との付き合いも極力避けて、自分のやりたいことに時間を使う人が多いと聞きます。出世のためならば、と遅くまで酒席に付き合い、休日はゴルフに出かけ、理不尽な仕事にも我慢していた「オン・オフ」のない人生は、現代の幸福感には馴染みません。

そう考えると、これが幸せだ！ と万人が同意できるようなものは存在しないのかもしれませんし、「幸せを追い求める」というスタイル自体が違和感の始まりかもしれません。

少なくとも、「どこか」に幸せがあって、頑張れば、運が良ければ、それが自分にも分け与えられるなどということはなく、**丁寧に生きながら自己を育てようとするプロセスにおいて、瞬間的に感じられる喜びが「自分にとっての幸せ」として生じてくる、**ということだろうと思います。

4 幸せをレッテル化しない

実は、お寺の仕事にも基本的には明確な「オン・オフ」がありません。

まだ私が修行道場にいたときに先代の住職であった父親が亡くなり、それ以降、数年間は母がこの全生庵を守っていました。檀家さんやいろいろな方に助けていただきながら、何とか存続できていました。その後、少しずつ山岡鉄舟先生に関する催しや坐禅会などを始めていったところ、いつの間にかたくさんの行事を行っていた……という状況です。

もともと、「休み」という概念がお寺にはありませんし、どこまでが仕事でどこからがプライベートなのかもよく分かりません。そんな中で、いろいろなことをやるかやらないかの判断は、それこそ主体性の問題になってきます。

私は一般的に言われる「就職」というものをしたことがないので、タイムカード上の出勤と退勤の打刻の間が仕事で、それ以外はプライベートの時間という区分された生活の感覚が分かりませんが、私のような「オン・オフ」のない生活も主体的に行えば、その中にも幸せはあるはずですし、片や、時間通りに仕事をしなければならない生活にも幸せはあります。

ですから、強制されないほうが幸せであるとか、強制された中には幸せはないといった考え方は違うように思います。むしろ、私のような元来怠け者である人間には、強制されることがなかったら何もしない人生が待っているだけです。その意味で、次から次へとやるべきことがたくさんある仕事のほうが、私にはふさわしく思えます。自由にさせてもらえるような状況になると、きっとさぼってしまうでしょうし、好き嫌いで判断することになり、人として良くならないことが想像できます。

子どもの頃から人前で話すことは苦手でしたし、書くことも好きではなかったし、特別な能力があって褒められたこともありません。かろうじて、坐禅することが嫌いではないという自分を知っているだけで、講演も執筆も本当は不向きだと分かっているので す。しかし、分かっているからこそ、少し面倒そうなことを引き受けようと思っているわけです。そうして自分をその気にさせて「乗せて」いけば、少しは怠け者から離れてまともな人間に近づけるかもしれないと思っています。

つまり、得意なことや好きなことだけが自分にとって活用できるのではなくて、苦手なことや避けたいことも、活用の仕方次第では自分を成長に導く材料になるのです。そういう考え方が「主人公」というもので、自分の身体も感情も、外部の環境や道具も、あらゆるものが「主人公」としての活用になっていけば、たとえそれがネガティブなことであっても有効になります。

ネガティブ／ポジティブの区分にしても、その時々によって、あるいは捉え方次第で変わるものですし、そのような枠こそ〝レッテル〟にすぎません。

楽な仕事／つらい仕事、得なこと／損なこと——私たちは、そんなふうに初めからレッテルを貼りすぎている気がします。どれもこれも他人や世間がそのように言っているだけで、自分自身が「主人公」として実感したわけではありません。現実には楽な仕事などどこにもないし、得なことばかりでもなく、苦手なことだってやらなければいけない。それを勘違いして転職のコマーシャルに乗っかっても、「思っていた仕事とは違った……」ということになってしまいます。

枠組みとかレッテルとしての「幸せ」に汲々としているうちは、幸せにはなれないと思っていたほうがいいと思います。「これが幸せである」などという言い方も疑ったほうがいいでしょう。何度も言うように、簡単に幸せになれるようなことなどありません。自分にとって幸せってどういうことだろう？　と考え直すことが必要です。

簡潔に言えば、幸せをレッテル化しない、ということです。「こういうことが幸せ」という形をつくらないことです。自分自身で感じていくべきものなのに、「あるべき姿」としてモデルを提示されてしまうことで、むしろ幸せから遠ざかるような気がします。「女性の幸せ」とか「家族の幸せ」とか「幸せを求めて」などという言葉も巷《ちまた》に溢れていますが、それが幸せの答えだなどと短絡的に考えずに、あくまでも〝方便〟として使われているのだと知っておくほうが、惑わされずに済みます。**何かをやっている瞬間に、それが些細なことであっても「ああ、幸せだな」と感じ取っていく感性を高めていく以外に、自分の幸福感を満たすところにはたどり着かない**ように思います。

今の世の中の傾向として、さまざまなことが短絡的になっているように感じます。「深く考える必要はない」「それでいい」という感覚があるのでしょうが、実はそこに幸せの実感が関係しているようにも思うのです。

たとえば、大谷翔平選手が言っていたことですが、ニューヨークで試合が行われるときでも、街へ出ることもなくホテルの中で過ごすからニューヨークのことをよく知らない、と。一面から見れば、野球のことしか知らないつまらない人生に見えるかもしれませんが、彼は野球をすることが幸せだし、そのために努力することも楽しいのだろうと思います。

つまり、自分のやるべきことが分かっている。幸せというものは、おそらくその延長線上にあるのでしょう。だから生活のすべてを野球に捧げていくことが楽しいし、幸せなのです。短絡的な思考では自分のなすべきことは見つからないように思います。

修行道場もそうでした。一日のタイムテーブルにしても、食事の内容にしても、坐禅にとってより良いのは何かという発想からすべて用意されていました。若い人たちがたくさん集まっていますから、みんなたくさん食べたい年頃ですし、睡眠時間もたくさんほしい。けれども、それを許したら坐禅なんかできません。しかし、自分がここで何をやるべきなのかが分かっていないと、それに対して不平不満が出てきます。不平不満があって幸せを感じるはずがありません。

5 不幸もまた貴重な時

幸福は本来、その人自身の感じ方の問題であるわけですが、そこに歪みをもたらしているものがあるとすれば、もしかするとSNSなのかもしれません。

他者に向けて自分からダイレクトに発信できるツールとして便利なSNSですが、その仕組みゆえに、発信者の承認欲求を増幅させてしまうということも一面の事実です。

「いいね！」のボタンを押してほしい、そうしてもらえるようなものを投稿・発信する、「いいね！」されると嬉しい……といった連鎖が、いつの間にか、他者に評価してもらうことが自分の幸福になってしまう、ということが起こり得ます。その時点で、幸福は自分から離れてしまいます。

言い換えると、幸福が自分の感じ方であるということは、自分自身の中にすでに幸福は存在していて、それが感じ取れたかどうか、ということなのです。しかし、幸福の主導権が他者にある、その他者から幸福をもらいたい、と無意識に刷り込まれてしまうことで、幸福は自分の外に存在していて、それを手に入れる、という発想になってしまいます。「幸せになる」という言い方はまさにその表れで、今のままでは幸せではない、誰かに認められて幸せになれるのだ、といういびつな幸福論が世の中に蔓延してしまうのです。

何度も言いますが、自分の人生の主体は自分自身です。ときどき、小さなことであっても自分が「ああ、幸せだなあ」と感じればそれが幸福な時であり、幸福な人生なのです。自分にはどうにもできない他者という存在が自分の幸せの鍵を握っているとなれば、自分の小さな幸福も無視しなければならなくなるかもしれません。あるいは、誰もが評価することだけが良いことだとなれば、自分自身の価値基準すら危うくなってきます。

数十万のフォロワーがいるだけで素晴らしいと思われているようですが、この動画は面白かった、あの情報は非常に役に立った、と思われるのは瞬間的なことなので、それを持続させようと思うと、次から次へと評価されるものを出していかなければならなくなる。幸福のためにつらい思いをするような矛盾したことにもなりかねません。

さらには、他の人が派手な幸福を見せてくれると、自分の小さな幸せが大したことではないように思えてきて、やっぱり多数の人に認められるようなものがいいのだと考えたりします。そうなると、もはや自己否定と承認欲求の自縄自縛です。

やはり、幸せであることが前提になると、さまざまなことがおろそかになってしまう気がします。

不幸や不遇のときも、長い目で見れば貴重な時期なのです。その時にしかできないことや、その時だからこそやっておくべきことがあるはずだからです。

たとえば、メジャーリーグのピッチャーたちが肘《ひじ》のトミー・ジョン手術（肘の靭帯《じんたい》を再建する手術）をした後、半年間あるいは一年間、ボールを投げない時期があります。

しかし、ボールを投げない間に、ピッチャーとしてやっておかねばならないリハビリがある。肘以外の部分を少しずつでも鍛えておくことで、肘の回復も早くなるということなのでしょう。

不遇の時ほど時間があったりするものです。ならば、普段できなかったことをやってみるとか、時間をたっぷり使って考えてみるとか、プラスの面もあるかもしれません。順調な時には見落としていることもあるわけですから。

ただ、一方で、考える暇もないくらいに時間に追われていることが悪いことばかりでもありません。そのおかげで余計なことを考えずにまっとうに過ごしていけるということもあるからです。修行道場でも言われますが、「すぐにやれ！」というのは、眠いとか、楽をしたいとか、そうした身勝手な気持ちを差し挟む余地を与えないということです。これは一般の社会でも実践してみたほうがいいと思います。お金と時間が有り余っているとろくなことをしない、という言い方はよく耳にしますし、実際にそうなのでしょう。

「急《きゅう》に失《しっ》するとも緩《かん》に失することなかれ」という禅の言葉があります。厳しくしすぎることはあっても緩すぎてはいけない、という意味です。現代社会では、これとは真逆の方向へ進んでいるようですが、時代の趨勢《すうせい》だからと言って安易に従ってしまうのは考えものです。

ただ、厳しくするのがいいのか、緩くするのがいいのかは、受け止め方次第なのだと思います。同じように、何が幸せなのかということも、その人の受け取り方次第だと思うわけです。どちらにしても、自分自身の問題です。

6 「一得一失」

幸せだと感じられることはありがたいことですし、何かをする支えになったりするのは確かですが、広い視野で捉えれば、その幸せがあって良かったかどうか簡単には言えないこともあります。

「一得一失《いっとくいっしつ》」という言葉があります。利益があれば、その反面で損失もあるという意味です。幸せであると感じた、けれど……。不幸だと思った、けれど……。私は得た、けれど私は失った。人生というものは、そういうことに集約されていくものだと思います。褒められたことが良いのか？　貶《けな》されたことが悪いのか？　叱られたのはダメなことなのか？――これらを短絡的に結論付ける必要はないということです。

もっと言えば、同じことをやっても褒められる人とダメ出しされる人がいる、というのが世の常です。

たとえば、A君もB君も百メートル走で同タイムでした。A君は一生懸命走ってのタイムで、B君は実力を出さないタイムでした。A君は褒められますが、B君はコーチから叱責されます。その原因を探ってみると、A君はなかなかタイムが伸びなかった時でも努力を怠らずに地道に練習を重ね、一方のB君はもともとの能力を過信して練習に手を抜いていた。

幸福の視点から考えても、結果は同じでも、おそらくA君のほうが幸福度は高いはずです。


常に上を見て努力していくのは大事なことで、たとえば、山岡鉄舟先生は無刀流という剣の極意に至ったわけですけれども、その境地に達しても努力を怠りませんでした。

なぜなのか？　それは、「油断しない」ということなのだろうと思います。

剣の極意を極めても努力し続けるのは、普通の努力以上にたいへんなことだと想像できます。でも、だからといって、それを苦しいと思って我慢してやるのか、あえて研《けん》鑽《さん》・修行（修業）を面白いと思って楽しんでいけるのか、そこは大きな違いです。つらいことほど楽しまないと何のためにやっているのかわからなくなります。我慢だけで修行道場にいたとしたら、何も身に付きません。修行しないほうが良かったじゃないかということにもなりかねません。

お釈迦様は最初、難行苦行の道に入っていった人です。これほど苦行した人はいないのではないかと言われるぐらいのことをするわけですが、結局その苦行では悟ることができなくて、最終的には坐禅の道に入っていきます。ですから、仏教では過度な苦行には益するところがないと教えます。

仏教で行う追善供養にしても、本来は生前に学ぶべきものを、学ぶことができないまあちらの世界へ行ってしまった人たちがいらっしゃって、生きている私たちが功徳《くどく》を積んで、そうした亡くなった方々に手向けるという意味合いです。つまり、積んだ功徳によって得られたものを自分のものとせず、最終的には仏様や亡くなった人たちに差し上げる（回向《えこう》する）わけです。

仏教の特徴は、お釈迦様が全知全能の神のような特別な存在ではなくて、普通の人だった点にあると思うのです。一神教の宗教とはそこが大きく異なります。お釈迦様自身が悩みを抱え、自分自身の問題として何とかしたいと考え、さまざまなことを試しながら、しかし特殊なパワーなどを身に付ける方向ではなくて、自分の内面に目を向けることを徹底していきました。


禅宗に伝わる次のような逸話があります。

「なぜ坐禅をするのか？」と師から問われたある弟子が、「仏になるために坐禅します」と答えました。模範的な回答です。

それを聞いた師は、地面に転がっていた瓦を磨き始めました。弟子は、「何をしているんですか？」と尋ねます。師は、「瓦を磨いて鏡にしようと思ってな」と答えます。

「瓦を磨いても鏡にはなりませんよ」と弟子が指摘すると、「人が坐禅をしても仏にはならないのと同じだ」と教えました。仏になるのではなく、もともと仏なのだということに気づくのが坐禅であり、修行であると師は伝えたかったのです。

どう考えても、この世は不平等で不条理です。「こんな親じゃなかったら」とか「もっと違う環境だったら」と、私たちは自分ではどうにもならないことを恨んだりするものですが、そうしたところで何も変わりません。

「置かれた場所で咲きなさい」と、渡辺和子先生は言われました。諦める（明らめる）ことの難しい現代社会の実相を、やさしい一言で包み込まれたような言葉です。

幸せになりたい、こんなものは自分ではない、そう考えて苦悩を深めている人に対して、**「幸せになる」のではなく、「もともと幸せであることに気づいていくこと」**を教え諭されているように思います。今自分がここにあることのありがたさを実感できたら、これほどの幸せはないでしょうし、目の前の問題は他者のせいではなくて、自分が向き合うべき課題なのだと分かっていくはずです。

植物学者の牧野富太郎博士の「雑草という草はない」という言葉も、「置かれた場所で咲きなさい」に通底するものがあります。比較する必要もなく、卑下する必要もない。そのままで満たされている。そんなふうに世の中が見える人は幸せです。

第四章　思い込みを転じる

思い込みや囚われは問題を引き起こしたり、苦悩の原因になることも少なくありません。出来事や感情を意味のあるものに転じれば、どんなことも自分の成長の糧になり得ます。

1 「苦」はネガティブではない

三十数年前の話ですが、「二十四時間、戦えますか?」というキャッチコピーが流行りました。「戦う」は「働く」の意味で、ドリンク剤の広告でした。今では嘘のようですが、当時はそれくらいのエネルギーで仕事をするんだ! という社会の空気がありました。バブル経済の時期と重なっていました。

人間は環境や感情に左右されやすい生き物ですから、景気が良ければ強気になりますし、不景気になればメンタルもネガティブになっていきます。ただ、ネガティブさが社会に広まれば、その空気を打破しようとして、「力を出せ!」という言い方が増えてきます。戦時中のプロパガンダ(政治的意図をもつ主義・思想などの宣伝)も、多分にそのような背景があったはずです。

ともあれ、人間というものは、基本的にネガティブな思考をするものですが、ネガティブに捉えることは決してマイナスな面だけでなく、生き延びる術でもあります。「これは本当に食べられるものなのか？」「あいつは敵かもしれない」「寒くなる前に食糧を蓄えて、暖かい服を用意しておかなければ」……。もしそれが、「食べても大丈夫さ」「襲われることはないだろう」「寒くなっても何とかなるはずだ」という楽観的な発想しか持たなかったら、人類は今こうして存在していなかったかもしれません。

そして、究極のネガティブな思考は、お釈迦様が喝破された「一切皆苦《いっさいかいく》」（すべては苦である）でしょう。「生きることは苦である」と捉えても良いと思います。明日への希望も持てないような言い方ですが、本当はこれほど現実を直視した捉え方はないのです。

私たちは、「ポジティブか、ネガティブか」と二元論的に問われると、「ポジティブなほうがいい」と思ってしまいますが、そこにはものごとの本当の姿を見誤らせてしまう危険性があります。すなわち、「生きることは苦である」という〝事実〟が、〝ネガティブなこと〟にすり替わってしまうのです。

むしろ、「生きることは苦である」ということが人生の前提となっていれば、思い通りにならないことも、選びようのないことも、自分自身の問題として受け入れることができるかもしれません。それを、「ネガティブなことは間違っている」と考えたときから、自分の人生が苦であってはいけない、という勝手な解釈を始めます。

同じように、巷間《こうかん》よく言われる「安全・安心」は当たり前のことではない、という認識に立つから自分で何とかしなければならなくなるわけですが、「安全・安心」でなくてはいけないと発想すると、社会が「安全・安心」を提供するのは当然だと要求するようになります。

生きることは苦である。けれども、その苦の原因を見据えて、生と死のぎりぎりのところをふらつきながらも何とか生き抜いていくのが人の生きる姿でしょうし、そのような歩みへと私たちを促すために、お釈迦様は「一切皆苦」と言われたのだろうと思います。

ある企業経営者の方と話をしていたとき、「ときどき、会社が倒産する夢を見ます」とおっしゃっていました。そうした不安や悩みがあるから坐禅会に参加されたのだと思いますが、ご自身は会社を倒産させた経験はないのに、そういう夢を見るのは、どなたか知り合いの方にそのような経営者がおられるのかもしれません。その状況をわが身の問題としてお持ちになったのでしょう。

企業経営は個別の問題がいろいろあるので、一概には言えませんが、それでも人間の問題として言えることは、不安は人を闇雲にさせてしまうということです。そのため、**そもそも「生きることは苦である」と現実を認識して、不安な感情に引きずられないようにすることが大切**なのです。私たちが闇雲に突っ走ってしまうのは、現実を知るからではなく、そこに生じるマイナスの感情に引きずられるからです。

仏教で、「しっかりと現実を見なさい。そして、それを受け入れなさい」と説くのはそのためです。不安や怒りといった感情に飲み込まれて、自分が感情に「使われる立場」になってしまうのか、あるいは自分が「主人公」となって感情をプラスに転じることができるか——そこは、心のトレーニング次第です。

企業経営者に限らず、スポーツ選手にも会社員の人たちにも同じような状況があるはずですし、成功する人と失敗する人の違いは、その心のトレーニングによるのだろうと思います。感情が湧き起こらないようにするのではなく、湧き起こる感情が主役になってしまうのか、自分が主役となって感情を制御していくのか、その違いです。

私も道場での修行を始めたばかりの頃は、言われたことをするだけの気力しか備わっていなくて、自分の問題が何であるのかを考える余裕はありませんでした。

ところが、詳細な目標シートを作った大谷翔平選手のように、自分の問題意識が強い人ほど真剣に自分を見つめ、自分で自分を変えていこうとするものです。国枝慎吾選手に憧れて車いすテニスを始めたという小田凱人選手も、同じように自分で自分を変えようとする人だと、インタビューなどを聞いていて感じました。

　体が不自由な人は、おそらく大きな負の感情を経験しているものと想像しますが、世界トップクラスのプレーヤーたちは、そこに囚われず「次」へと踏み出していっているのだと思います。

2　感情と行動を切り離す

私たちは、感情のままに行動したり、自分の感情に周りを巻き込んでしまうのは良くないことと頭では分かっていながら、湧き起こる感情そのものを止めることがなかなかできません。

ただし、こう言うことはできます。

「感情が生じることと、感情が自分の行動の司令塔になることとは別である」

このとき、感情と行動を切り離すためには、立ち止まって考え直さなければなりません。

そして、感情よりも、その次にどう行動するかということが、いかなるときも大事です。なぜなら、自分自身の感情ですら、自分の中から湧き起こったものかどうか怪しいからです。

迷い、不安、怒り、囚われ——そうした感情からは、次の展開が始まりません。ただ苦悩する感情が頭の中をグルグル回るだけです。いっぽうで、良質の悩みからは「問い」が生じてきます。


禅の公案集《こうあんしゅう》『無門関《むもんかん》』に「趙州勘婆《じょうしゅうかんば》」という話があります。

ある僧侶が茶店のおばあさんに五台山《ごだいさん》への道を尋ねると、「まっすぐに行きなさい」と教えるのでその通りに進もうとすると、「皆、同じように行くのだな……」と言う。他の僧侶が道を尋ねても同じように返事をして、同じようにつぶやきます。五台山へ行きたい者たちは、行って良いものか、行ってはいけないのか、どういうことなのかと迷ってしまう。その話を僧侶たちから聞いた趙州禅師が、「よし。では、自分がそのおばあさんを見てきてやろう」と言って茶店へ出かけて行った。そして禅師が道を尋ねると、同じように「まっすぐに行きなさい」と言われて、そのようにすると、やはり「皆、同じように行くのだな」とおばあさんはつぶやいた。禅師は、帰ってきて、「おばあさんの腹の中までよく見てきたよ」と言われました。

この公案は、おばあさんと趙州禅師のどちらが正しいかを考えさせるものではありません。禅の修行は、誰かの指示通りにすれば悟りが開けるものではなく、かといってそもそも無視してしまうのも間違いです。要するに、中途半端な信心や考えを戒め、生きていく上での主体性・覚悟を問うているのが、この公案の一つの眼目だと思います。

自分の中から「問い」が生まれて、自分で考えながら自分で解き明かしていこうとする人には、他者が何を言おうと、どんなに見下した態度を取られようと、一切気になりません。そうではなく、他者の声にいちいち引きずられると、「何だよ、どっちが正しいんだよ」と迷ってしまうのです。

あの人が言うから、このように評価されているから、といったものは参考にはできても、自分にとっての答えにはなりません。少なくとも、実体験や実感ではないことを鵜《う》呑《の》みにしてしまうのは、思考停止であるだけでなく、責任転嫁の意味合いも出てきます。

迷いや不安は、「何それ？」という初めての経験や、「違うの？」という自分の知っていること以外のものに触れたときに生じるものです。数年前の新型コロナウイルスへの不安もそうでした。みんながワクチンに期待を寄せましたが、効果のある人もいれば、あまり効果のない人もいるという現実を目の当たりにして、私たちは他者の答えが自分の答えになるとは限らないことを知りました。

ワクチンが自分にも効果があるかどうかは、試してみなければ分かりません。「この道をまっすぐに行きなさい」と「このワクチンは効果がありますよ」は同じ意味かもしれません。正解があるとかないとかではなく、百人の経験の中に百通りの答えがあると思っておくのが良いと思います。そうすると、正しいことを求めて暴走することもなく、冷静に立ち止まることができます。

と同時に、今の自分には手に負えないと思うようなことは、今は手を付けないで放っておいたり、流れに身を任せたりすることも賢明な方法です。

最初からずっとポジティブな人や、逆にずっとネガティブな人もいません。特に、新しいことにチャレンジしている人が進んでいる道は、常に初めてのことに出遭う道なのですから、疑問や思い通りにならないことを試行錯誤しながら進んで行っているはずです。つまり、ネガティブさの結果、ポジティブさを身に付けているのだと言えます。

ということは、私たちはポジティブさやネガティブさをあまり強調する必要はないのかもしれません。どちらも持ち合わせているのが人間というもので、その時々に表れるものが異なるだけのことだと思えばいいのです。

明るく陽気な人がいいと言われますが、無理してそう振る舞う必要もなければ、そういう人が好まれるという風潮を鵜呑みにする必要もありません。感情に振り回されない穏やかさを身に付けるほうが、人のあり方としては素敵なことだと思います。

3 「空の雲を見なさい」

お釈迦様といえば、人間の持つあらゆる欲望を超えた素晴らしい人とされますが、その言行をつぶさに見ていくと、「ひどいことするなあ」と思えるようなところもあります。

たとえば、お釈迦様は王子の位にあって、子どももいるのに、家族を捨て国を出て行ってしまった人です。その間に、他国に攻められて家族が捕虜になってしまいます。しかも、攻めたのは、お釈迦様から教えを受けた弟子なのです。もし、お釈迦様が出家しなかったら、その弟子がお釈迦様と出会って学ぶこともなかったら、戦争を仕掛けられていなかったかもしれませんし、家族は普通に暮らせていたかもしれません。

そして、捕虜になった家族たちに対して、お釈迦様は何と言ったか。

「空の雲を見なさい――」

なんとも呑気《のんき》な話ではありませんか。捕虜の不安な気持ちを、どう考えていたのでしょうか？

そうではありません。お釈迦様が伝えたかったことは、**時が経てば雲のように様相は変わりゆくもので、ずっと同じ状況にはない。**ただ、今このようになっている原因は、私たち家族一人一人のこれまでの行いにある。その因果は変えられないけれども、この瞬間のことにきちんと向き合いなさい――そういう意味だったのです。

お釈迦様がおっしゃったのは、「今を生きよ」ということです。臨済《りんざい》禅師は、そのことを「即今目前聴法底《そっこんもくぜんちょうぼうてい》の人《ひと》」という表現で言い残しています。今を生きるということは、目の前で説法に耳を傾けているその人だというのです。

雲に耳を傾ける（目を向ける）、捕虜であることに耳を傾ける（状況と向き合う）、苦しんでいることに耳を傾ける（心を寄せる）、そういうことを大事にしなさいという教えです。仕事も、人間関係も、家庭も、学校も、すべてそのような「耳を傾ける」場であるということです。

しかし、多くの場合、仕事も、人間関係も、家庭も、学校も、「今を生きる」ことに集中できないでいます。先週の案件が気になって、昨日あの人にこんなことを言われたので……と、「即今」でも「目前」でも「聴法」でもない恩讐《おんしゅう》と欺瞞《ぎまん》と苦悩をないまぜにしたものを、私たちは生み出してしまっているからです。

それから、先のお釈迦様の言葉を借りれば、今こうなっているのは自分たちの行動のせいなのです。でも、今がずっと続くはずはないし、今を続けていてもいけない。過去に囚われていると、意図せずに変化を妨げることになってしまいます。

同様に、営業成績が良くて褒められたのは、過去の実践の結果です。期末試験が悪かったのも、昇進したのも、けんかしたのも、友達になれたのも、家族が平穏無事でいられたのも、すべて過去の積み重ねの結果なのです。

それにもかかわらず、私たちはこの結果と実践を逆転させてしまって、点数を上げるために、利益を上げるために、誰かに褒められるために、ということを目的化して、実践やプロセスをないがしろにしてはいないでしょうか。

お釈迦様ではないですが、もしも今の日本が「結果さえ良ければ、実践やプロセスはどうでもいい」という社会になっているとするならば、それは私たちに原因があり、私たちが変えていかなければいけないということになるのです。

コロコロ変わるから「心」だとするならば、心を良い方向へ転じることは難しいことではないはずです。私たちの心は、ネガティブになることもあります。そのときはそうだとしても、間違いなく変わっていけるのですから、ネガティブにならないようにするのではなくて、ポジティブな人だけを褒め称《たた》えるのではなくて、心がコロコロと変わっていく訓練を続けることが肝要です。

山岡鉄舟先生も、次のように言われています。

「過現未の三際《さんさい》より。一切万物に至る迄《まで》。何ひとつとして。心に非ざるものは無し。其《その》心《こころ》はあとかたもなき者にして。活潑《かつぱつ》無尽蔵《むじんぞう》なり」（過去・現在・未来の三世から、一切の万物に至るまで、何一つとして心でないものはない。その心というものは痕跡を残さないものであって、生き生きとしていて、一切を内包して尽きることがない）

そのような自在さを、私たち人間の心は秘めていると思います。小さな子が、泣いたそばから笑っているような、そんなふうに自在に心を転じる可能性を私たちは持っていると信じています。

4 晴れだけがいい天気か？

悲しみや苦しみを避けて生きていけるならば、どんなに楽なことでしょう。しかし、生きていく上でストレスのない状態などあり得ません。悲しみも苦しみも含めての「生きる」なのです。

いっぽうで、ストレスを解消しようとしてきたプロセスは、文明の発達をもたらしました。不便で仕方なかったことが、便利な道具やサービスの発明・開発によって楽になったという事例はたくさんあります。そして、それらの道具やサービスが私たちの思考に影響を与えているとも考えられます。

ただ、便利な道具が発明されたことで悲しみや精神的な苦しみやストレスがなくなってきたかというと、そんなことはありません。「便利さ＝ストレスフリー」などと数式のようにはいきません。どんなに便利な時代になっても、私たちは次々と苦悩を抱え、ストレスに潰されそうになりながら生きています。

なぜなのでしょうか？

それは、私たちが「思い込みから離れられない」からです。

ものごとをありのままに見て、ありのままに受け取っていれば、ストレスも苦悩もそれほど多くはないはずなのに、私たちは自分勝手に解釈して、それを真実だと思い込み、行動してしまいます。他者からすれば、その思い込みによる行動には違和感があるので、賛同が得られないどころか、場合によっては非難されます。すると、「なぜ分かってくれないんだ!?」という不満が出てきます。暴力を使ってでも理解させようとする人がいれば、社会にとっては迷惑な人になってしまいます。

「きょうは、いいお天気ですね」

私たちは晴天の朝、このように挨拶しますが、挨拶としてはこれでいいのです。しかし、生き物全体にとっては雨も必要だと少し考えれば分かります。それでも、このように最初から「晴天＝良い」と思い込んでいることが私たちには少なくないのです。

思い込み、言い方を換えれば「囚われ」。これがどれほど多くの場面でさまざまな不都合を生じさせているか、冷静に見れば誰もが分かるはずです。

悟りを開かれた禅宗の祖師方は、「不一不異《ふいつふい》に問うべし」という言い方で、ものごとをありのままに見ることを教えています。同じではないけれども、違ってもいない。違いばかりに目を向けてもいけないし、同じだと決めつけてもいけない。ありのままに見ること自体簡単なことではないのですが、それほどに思い込みや囚われが私たちを縛り付けているとも言えるでしょう。

きれい／汚い、いい天気／悪い天気、カブトムシはかっこいい／ゴキブリは汚らしい――いったい誰が決めたのでしょう？　思い込み、囚われ、偏見、そうした偏った思考になってしまうのはなぜなのでしょうか？

それは、ものの本質や価値を分かっていないからです。たとえば、相手のことを学歴、所属、肩書、ブランドなどで判断してしまうのは、まさに囚われの塊です。私たちが相手の価値を分かっていたら、それらの「属性」に価値を見いだす必要はありません。しかし、現実には本質的な価値とは違う部分で、評価や判断がなされています。

これは、実は不自由なことです。すでに枠組みをつくって相手を見ていますし、自分をもその枠に閉じ込めようとするのですから、こんな不自由なことはありません。

仏教には「大自在」という言い方があります。人間が生来的に持っている、何ものにも縛られない状態のことで、英語の「リバティ」の意味に近いかもしれません。「フリーダム」も自由を意味する言葉ですが、こちらは束縛から逃れる自由のことです。**この「大自在」において大事なのは、自分は本来、自《みずか》らに由《よ》るもの（自由）であると気づいていくこと**です。

囚われは、思い込みが枠組みをつくってしまうことであり、たとえば、「安全・安心」という状態が当たり前だといった錯覚を引き起こします。本当は、「薄氷の上を歩いているようなものが、私たちが生きるということである」ということが分からなくなります。

「明日ありと思うこころの仇桜《あだざくら》　夜半《やわ》に嵐の吹かぬものかは」

親鸞聖人《しんらんしょうにん》がそう詠《よ》まれたように、この世は無常であって、明日がどうなるか誰にも分かりません。そういう現実の中で生きる覚悟が、思い込みや囚われによって失われてしまう前に、意識的に前提を疑ってみたり、主体的に考えてみたりと訓練することは大事なことだと思います。

5 善も悪も誰かがつくったもの

南北朝時代の武将、楠木正成が足利尊氏の大軍を迎え討つにあたって、不安な気持ちを抱えて、あるお寺を訪ねました。

「生死《しょうじ》の岐路に立った時、どうすればいいでしょうか？」

そう問うと、明極《みんき》楚俊《そしゅん》和尚は、

「生死で迷う心を断ち切って、一本の剣にまかせなさい（＝あなた自身が一本の剣になりなさい）」（両頭ともに截断《せつだん》して、一剣天に倚《よ》ってすさまじ）

と返答しました。

そんな問答があったと記録に残されています。

スティーブ・ジョブズは、「直感を信じる勇気」という言い方をしていましたが、迷いは誰にでもあるものだけれども、迷いのところでストップしていても解決方法は見つかりません。迷いは正解を求めることから起こりますが、人生における決断の場面には正解などない場合がほとんどです。ですから、「一本の剣になること」「直感を信じること」だけでいいのです。答えというものがあるとするならば、それだけです。

組織というものは、多くの人間のそれぞれの考え方では運営できないので、マニュアルや職務分掌があったり、上司に意見を仰いで進めるという方法が一般的です。しかし、この方法には、真面目な組織人ほど周りに配慮してしまうために、何も意見できなくなってしまうきらいがあります。生死の覚悟どころか自分の判断すら持たないようにしてしまうのです。

これは、「一本の剣」や「直感」の対極にある状況です。失敗したときに言い訳が成り立つ選択ではありますが、困難を突破したり、新しい領域に突き進んでいく気概からは程遠いものです。

最近の傾向として、「善悪」を強調する風潮が強まっているように感じます。まったく無関係な誰かの不祥事に関して「けしからん」という主張がネット上に匿名で書き込まれたりしていますが、その善悪論は単なる第三者的なもので、当人の事情や経緯などは考慮されていません。もっと言えば、誰かがつくった「これは善である」「これは悪である」という枠組みに照らして述べているにすぎないものさえ多く見受けられます。

先述の組織論もそうですが、善悪の答えが大事だとされてしまうと、そこで責任を問われては……と考えて周囲の顔色をうかがうようになったり、身動きが取れなくなったりするのです。私は、善悪二元論など超えて、「一本の剣」「直感」を実践してみたらいいと思います。

「どちらが正しいか」「間違わないようにしなければ」——そう考える気持ちは理解できます。しかし、未知のことについて正解を知っている人などいませんし、どう生きることが善なのか？　という問いには正解がありません。自分が主人公となった決断、それが自分だというだけです。

不思議なのですが、どんな偉大な人にも敵がいたり、嫌っている人がいるものですが、残されている記録を見ても、山岡鉄舟先生に関してはそんな人がいたようには思えません。

なぜだろう？ と考えると、おそらく鉄舟先生の何ものにも囚われない融通無碍《ゆうずうむげ》な姿勢や生き方にあるのではないかと思います。言ってみれば「水」のようなもので、「これだ」という定まった型がないのです。相手によって丸くなったり四角くなったりしながら、状況や場面に即した自在な生き方ができる。これこそまさしく、「随処《ずいしょ》に主《しゅ》となれば、立処皆真《りっしょみなしん》なり」です。

沢庵《たくあん》禅師は、禅と剣について記した『不動智神妙録』の中で、「心をどこに置こうぞ？」と問いかけています。敵の動きに心を置けば、敵の動きに心を捉えられてしまう。敵の刀に心を置けば、敵の刀に心を捉われる。敵を斬ろうとすることに心を置けば、斬ろうとすることに心を奪われる。自分の刀に心を置けば、自分の刀に心を取られてしまう。斬られまいとすることに心を置けば、斬られまいということに心を取られてしまう。要するに、心をどこかに留めてしまうと、そこに心を奪われて、その時点で相手に負けてしまうというのです。

私たちは、人を愛する心がある反面、それと同じ強さで人を憎む心も持っています。家族間の憎悪が事件を引き起こすことも少なくありません。それも、心が愛に捉われたり憎しみに捉われたりしているからです。

心はどこかに留めてはいけない。どこに置いてもいけない。それこそ水のように融通無碍がいいのです。

誰かがつくった善悪論に固執したり、態度を固定化したり、自分の考えが絶対だと思い込んだり、そうしたことで自分を苦しめるのは、決して自分が主体となった生き方ではありません。そこから、**「迷う」を転じて「選ぶ」という自分主体の行動へと、どのよ**

うにしたら変えていけるかを考えてみてほしいと思います。

6

状況を転じ、自分を育てる

自分を他者と比較しないほうがいい理由の一つは、比べた結果、自分が劣っていることに愕然として、頑張るエネルギーを出せなくなってしまうことがあるからです。

そもそも人間は、そんなに賢くもなければ強くもありません。だから鍛錬をするわけですが、何を目的とした鍛錬なのかというと、主体的になるためです。

ところで、他者と比較しても、主体的に考えることができる人がいます。そのような人は、「自分にはここが不足していたのか……」と気づいて改善していくことができます。自分の劣っていることを糧にできる人です。そういう人には言い訳が存在しません。言い訳というものは、主体的でないことから生まれてしまうものです。そして、言い訳をする人は、その自分の言い訳に自分自身が引きずられていくという負のループが始まります。

「あの時、親がこう言ったから自分は今こうなってるんだ」

「お金さえあったら違う結果になっていたはずだ」

「この仕事を押し付けられていなかったら苦しむこともなかった」

しかし、こういった言い訳は、誰かを攻撃したり、他人を羨んだり、被害者意識を増幅させたりするばかりで、決して自分が向上できるエネルギーにはなり得ません。

結局は、「転じる」ことができないから言い訳を始めてしまうのです。**主体的に生きる自分のためにこの問題は何を与えてくれるだろうか、という方向へ課題の受け取り方を転じていければ、問題もまた自分の成長を支えるものになる**のです。迷いも、苦悩も、変えられない環境も、自分の思い込みを転じられなければマイナスでしかありませんが、それをプラスにする方法があるということです。

どんな仕事も、基本的には自分の希望に関係なく与えられるものです。それを「やらされている」と捉えるのか、心の中で転換して、その「意味」を主体的に摑《つか》んでいくのか、その違いは時間が経った時に大きな差となって現れるに違いありません。

ヤングケアラーという言葉を耳にするたびに、心が痛みます。十代、二十代の若者が親の面倒を見ながら経済的な問題を抱えて、自分の夢までも捨てて頑張っている状況には、社会的な支援や、親身に寄り添う人が必要なのは言うまでもありません。そのことを踏まえた上で、そうした若者のためにあえて言うならば、そのひどい境遇が自分しか経験できない特別なものなのだという転じ方で糧にしてほしいということです。環境は変えられなくても、自分を変えることはできるからです。

多くの著名人が参禅した龍澤寺《りゅうたくじ》の山本玄峰老師《やまもとげんぽうろうし》は、江戸時代の末期に生まれ、昭和三十年代まで九十六年の生涯を送られた長寿の禅僧ですが、出生後すぐに捨てられた孤児でした。大人になって眼病を患い、その治癒を祈願するために四国八十八カ所霊場巡りを何度か行いますが、途中、あるお寺の前で倒れてしまいます。そこで住職に拾われて得度することになりました。

字が読めないために、「葬式坊主にはなれないが、本当の坊主にはなれるかもしれんな」と言われて、まさにそのような経歴を残されました。玄峰老師も自分の境涯に言い訳をしなかった一人と言えるでしょう。

明治時代になって、武士が消えて、廃刀令が出された後になぜ山岡鉄舟先生は剣の流派をつくったのか？

前にも触れましたが、ここに鉄舟先生の剣に対する考え方が表れています。すなわち、剣は人を斬るためのものではなく、武士のための道具でもないからです。自分自身を磨いていくための剣の道を示すために「無刀流」を打ち立てたのでした。

鉄舟先生にとっての剣の意味が他の人と異なるように、苦難や環境の意味が自分自身だけのものであっていいのです。そうであるから主体的な向き合い方ができるのだと私は思います。一般的に思われているような、強いから無敵になるのではなく、向き合う弱い自分が消えたから無敵だという鉄舟先生独自の捉え方が、後世の人々にも、武士でも何でもない人たちに大きな指針になるというのは、非常に興味深く思います。

数年前にコロナ禍でオンライン会議が活発化した時、家から動かなくても、遠くの人も一緒に複数で話し合いができる便利さを感じました。これがあれば、もう職場に行かなくてもいいじゃないか、と本気で思った人もいたはずです。

ところが、その「動かなくていい」ことが苦痛になり始めます。「動けない」ために、ずっとオンライン画面の前にいなければいけないし、延々と会議が続く気配すらありました。さらに言えば、やはり顔を合わせての場で空気を感じながら発言することとは違って、お互いの顔ばかりパソコン上で眺めているような時間は、大げさに言えば拷問に近いものがありました。

つまり、便利さには不便さも伴うという言い方もできますし、心が満たされるような環境など本当はないのかもしれないとも思います。よく言う、「瞬時にどこにでも移動できるドア」が技術的に可能になったとして、果たして私たちは理想が叶ったと実感するでしょうか。

　この不遇な状況にある自分をいかにして「転じ」て、育てるのかと考えるほうが大事なことのように思います。

平井正修（ひらい・しょうしゅう）

一九六七年（昭和四十二年）、東京都に生まれる。臨済宗国泰寺派全生庵（東京都台東区）第七世住職。学習院大学法学部卒業後、静岡県三島市にある龍澤寺専門道場にて修行し、二〇〇二年（平成十四年）より現職。檀務や坐禅指導のほか、講演や執筆なども行っている。おもな著書に『「とらわれない」で生きる禅の教え』（三笠書房）、『山岡鉄舟 修養訓』（致知出版社）、『お坊さんにならうこころが調う朝・昼・夜の習慣』（ディスカヴァー・トゥエンティワン）、『悩むことは生きること』（幻冬舎）などがあるほか、共編書に『改訂新版 鐵舟居士の真面目』（佼成出版社）などがある。

〈わたし〉を捨てる。
——山岡鉄舟に学ぶ「無敵」という生き方——

2025年4月30日　初版第1刷発行

著　者　　平井正修
発行者　　中沢純一
発行所　　株式会社佼成出版社
〒166-8535　東京都杉並区和田2-7-1
電話　(03) 5385-2317（編集）
　　　(03) 5385-2323（販売）
URL　https://kosei-shuppan.co.jp/

印刷所　　亜細亜印刷株式会社
製本所　　株式会社若林製本工場

◎落丁本・乱丁本はお取り替えいたします。

ISBN978-4-333-02908-2　C0015　NDC184/152P/19cm